Gisa Spiegel

Social Media in Archiven

D1670077

Gisa Spiegel

Social Media in Archiven

Grundlagen, Einsatzmöglichkeiten, Zielsetzungen

BibSpider

ISBN 978-3-936960-77-8

Bibliografische Information der Deutschen Bibliothek

Die Deutsche Bibliothek verzeichnet diese Publikation in der Deutschen Nationalbibliografie

BibSpider
Networking for Information Sciences
Niederwallstr. 13
10117 Berlin
Deutschland

www.bibspider.de

Buchsatz und Umschlaggestaltung: Julia Swiersy, Berlin
(unter Verwendung der Skuptur „Untereinemhut" von Gisa Spiegel)

Vorwort

Heute sind viele Archive fest in die sozialen Medien eingebunden – Archivare und Archivarinnen twittern, bloggen oder treten regelmäßig bei *Facebook* auf. Und trotzdem – es soll auch Angehörige der Archivarszunft geben, die sich im virtuellen Universum irgendwo zwischen Web 1.0 und Web 2.0 verirrt haben und die Hilfe benötigen oder die nur eine dunkle Ahnung davon haben, was sich hinter den unterschiedlichen Begriffen verbirgt. Die – wohl nicht unberechtigte – Befürchtung, eine wichtige Entwicklung verpasst zu haben und daher nicht mithalten zu können, verhindert es darüber hinaus, bestimmte grundsätzliche Fragen zu stellen. Keiner möchte gerne entgeistert angesehen werden von einem „Nerd" („denglisch", die nicht ganz wertfreie Bezeichnung für einen EDV-Fachmann) – als habe man gerade erst die Steinzeithöhle verlassen und schaue verwirrt in das grelle Licht des Web 2.0 Zeitalters!

Gisa Spiegel legt mit dieser Veröffentlichung einen Ratgeber für diejenigen vor, die noch Fragen haben – hier findet die interessierte Leserschaft Antworten, Hinweise und Beispiele zum Umgang mit den sozialen Medien. Frau Spiegel holt die Leser dort ab, wo sie oft stehen – nämlich noch vor dem Web 2.0 – und führt sie Schritt für Schritt in die neue Web-Welt ein, wo Interaktion und Kommunikation inzwischen die bloße Informationsbeschaffung ersetzen. Frau Spiegel thematisiert verschiedene technische, rechtliche und inhaltliche Aspekte, die besonders für Archive und andere Kultureinrichtungen von Bedeutung sind, und beschreibt auch die „Fußangeln" des Systems. Links zu weiterführenden Informationen und eine konkrete Strategie zum Einstieg in die sozialen Medien sind wertvolle Hilfen.

Ich wünsche dem Ratgeber eine zahlreiche Leserschaft und dieser wiederum viele Erkenntnisse zu den neuen Möglichkeiten sozialer Netzwerke. Möge das Buch als Hilfestellung bei deren Umsetzung dienen, auf dass noch mehr Archive in der neuen medialen Welt ihren Platz finden und ihre Chancen – vor allem für eine zeitgemäße Öffentlichkeitsarbeit – nutzen können.

Dr. Claudia Becker
Stadtarchiv Lippstadt

Inhaltsverzeichnis

Einleitung

Social Media – soziale Netzwerke in der digitalen Welt – ermöglichen heute einer unbegrenzten Zahl von Nutzern global und interaktiv miteinander in Kontakt zu treten, zu kommunizieren und gemeinsam mediale Informationen und Inhalte zu gestalten.

Social Media-Anwendungen erweitern die Möglichkeiten, Öffentlichkeit in verschiedensten Bereichen gezielt zu erreichen, zu informieren und für individuelle, institutionelle oder unternehmerische Bereiche zu aktivieren und zu gestalten.

Auch kulturelle Einrichtungen wie Archive und Bibliotheken können auf diese Art nicht nur Zugang zu neuen und jüngeren Zielgruppen erreichen, sondern können dadurch vor allem auch ihre Öffentlichkeitsarbeit interaktiv gestalten. Ohne räumliche und zeitliche Grenzen kann „Kultur" heute mit Social Media einfacher und schneller verbreitet werden als jemals zuvor. Vielfältige Informationen, von denen die Empfänger bis dahin nicht ahnten, dass sie für diese überhaupt ein Interesse aufbringen könnten, stehen weltweit und sofort zur Verfügung.

Facebook ist heute wohl der prominenteste Vertreter und steht exemplarisch für ein omnipräsentes, soziales Netzwerk. Was bietet dieses soziale Netzwerk den Usern, was andere Social Media wie *XING, StudiVZ* und *Google+* nicht können und was Mark Zuckerberg, den Miterfinder und Vorstandsvorsitzenden, für eine Zeit lang zum jüngsten Self-Made-Milliardär[1] machte? *Facebooks* Wiege stand nicht in einer Garage, sondern an der Universitat von Harvard. Zuckerberg programmierte mit Kommilitonen ein universitätsinternes Netzwerk, welches gemäß der Nachfrage zuerst an weiteren Universitäten, dann auch für Nicht-Studenten innerhalb der USA und schließlich weltweit zugänglich gemacht wurde. Was verbindet Privatpersonen, öffentli-

---

[1] Momentan geschätztes Vermögen: 13.5 Milliarden US-Dollar. http://www.forbes.com/profile/markzuckerberg/ – Abruf 29.07.2012

che Einrichtungen, Popstars, Restaurantketten, Hochschulen, Automobilhersteller usw. in einem derartigen Online-Netzwerk?

Vereinfacht könnte man sagen: alle sind im Online-Netzwerk, eben weil alle dort sind. *Facebook* ist genauso amerikanisch-hip wie seinerzeit Coca-Cola, Nike oder McDonalds.

Warum aber sollte heute ein Kommunalarchiv, welches wie kaum eine andere Einrichtung die – lokale – Geschichte seines Sprengels bewahrt, gegen Schaden schützt und somit das oft zitierte Gedächtnis der Stadt bildet, einen Teil seiner Öffentlichkeitsarbeit digital bewältigen und sich einem US-amerikanischen Megakonzern anvertrauen? Die Antwort ist so kurz wie einfach: Nirgendwo anders hat man ein Publikum von Millionen von Menschen, die über diesen Kanal für ihre spezielle Anfrage das zuständige Archiv finden, mit denen man in den Dialog treten, die gewünschten Archivalien per Ansicht auswählen und schließlich im Mailordner betrachten kann. Die Voraussetzungen für den reibungslosen Ablauf dieser Kette sind mit den bei *Facebook* verfügbaren Funktionen gegeben.

Aber wie sieht die Praxis aus, ist dieser Weg der Archivnutzung tatsächlich realisierbar und wünschenswert? So simpel wie hier angedeutet ist die Wirklichkeit nicht immer, denn die verschiedenen Plattformen haben juristische, technische und medienkritische Hürden, die es zu klären gilt und in einigen Fällen den Einsatz eines Mediums, z.B. Fotos oder Texte, verwehren.

Dass es auch für Archive sinnvoll sein kann, Social Media zu nutzen und dadurch für ihre Öffentlichkeitsarbeit einen Mehrwert zu generieren, soll in der vorliegenden Veröffentlichung beschrieben und erläutert werden. *Facebook* bildet sicherlich den Schwerpunkt dieses Ratgebers, weil *Facebook* bereits von etwa einem Sechstel der Weltbevölkerung genutzt.

Darüber hinaus werden mögliche Alternativen zu *Facebook* aufgezeigt und deren Einsatz in der archivischen Öffentlichkeitsarbeit bewertet. Blogs sind andere digitale Vertreter, mit denen die Fähigkeiten eines *Facebook*-Accounts kompensiert werden können. Was andere Online Netzwerke und Media-Sharing-Dienste wie die Online-Community *Twitter, Flickr, YouTube* leisten und ob personeller und zeitlicher Aufwand sowie der erzielte Mehrwert in der Öffentlichkeitsarbeit mithalten können, ist ebenfalls Thema dieser Veröffentlichung.

Kommunikation im Social Media-Netzwerk wird anders gehandhabt als in E-Mail-, Brief- oder persönlichen Kontakten. Sie ist „lockerer" und erleichtert dadurch Kontaktaufnahmen und baut Hemmschwellen ab, die andernfalls eine Archivnutzung möglicherweise verhindert hätten. Mit neuen Kommunikationsformen könnten Archive den in vielen Köpfen noch vorhandenen Anschein einer hoffnungslos veralteten Verwaltungseinrichtung korrigieren. Gerade bei Archiven der öffentlichen Verwaltung kann auf diese Weise ein Beitrag zu Bürgerfreundlichkeit geleistet werden, zudem bleibt die Einrichtung präsent und ansprechbar.

Wenn heute Archivalien aus Beständen digitalisiert und mit entsprechenden Erläuterungen online gestellt werden, wenn Einblick in Archivbestände und die Tätigkeiten des Archivs gegeben wird, dann gelangt durch den Einsatz von Social Media das Archiv nachhaltig ins Bewusstsein der öffentlichen Wahrnehmung. Eine Voraussetzung dafür ist jedoch, dass der Social Media-Auftritt im Vorfeld gut geplant ist und die Nutzung konsequent betreut wird.

Das vorliegende Buch möchte Archive jeglicher Größe und Sparte unterstützen. Die folgenden Kapitel bieten einen Überblick über die gängigen Social Media-Anwendungen zur Bereitstellung von Texten, Fotos und Videos. Relevante rechtliche Regelungen werden aufgeführt und ausführlich erklärt; erforderliche technische Kenntnisse für die Anwendungen werden beschrieben.

Eine Bewertung der Anwendungen – gemessen an einem sinnvollen Einsatz im Archiv – soll schließlich einen zusammenfassenden Überblick über die Möglichkeiten der Social Media geben.

1. Basics

Zum Einstieg erfolgen zunächst einige grundlegende Betrachtungen zu Social Media-Anwendungen, zu ihrer Entwicklung und ihren Nutzungsmöglichkeiten. Zunächst wird dargestellt, an welchem „Ort" die sozialen Netzwerke zu finden sind: dem **Web 2.0**. Welche Vorgänger gibt es dazu und worin bestehen die Unterschiede? Weiterhin wird beschrieben, was sich hinter dem **Konstrukt Social Media** verbirgt, was Social Media leisten können – mit einigen grundlegenden Betrachtungen zu bestimmten Anwendungen, deren Entwicklung und Nutzungsmöglichkeiten – und worin deren Mehrwert besteht, der einen möglichen Einsatz und Aufwand rechtfertigt. Schließlich wird mit **Creative Commons** auf eine Möglichkeit hingewiesen, rechtssichere Vorgehensweisen bei Social Media-Anwendungen und ihren Inhalten vorzunehmen.

1.1 Web 1.0 | Web 2.0

Web 1.0 und Web 2.0 sind Bezeichnungen für verschiedene Entwicklungsstadien des Internets. Web 1.0 bezeichnet die Anfangszeit und die ersten Jahre des Internet-Zeitalters. Eine mögliche Definition des Web 1.0 – hier auf techopedia.com – lautet:

> „Web 1.0 refers to the first stage in the World Wide Web, which was entirely made up of web pages connected by hyperlinks. Although the exact definition of Web 1.0 is a source of debate, it is generally believed to refer to the web when it was a set of static websites that were not yet providing interactive content. In Web 1.0, applications were also generally proprietary."[2]

In dieser Definition wird das Web 1.0 als die erste Phase des World Wide Web bezeichnet. Hier gab es ausschließlich statische Webseiten, also Seiten, die, einmal ins Netz gestellt, lange unverändert blieben oder nur gelegentlich geändert wurden. Web 1.0 diente zur Information,

---

[2] http://www.techopedia.com/definition/27960/web-10 – Abruf 24.07.2013

nicht zum Austausch. Web 1.0 war textintensiv. Querverbindungen von einer Webseite zu anderen waren mittels Hyperlinks[3] möglich. Interaktiver Inhalt stand noch nicht zur Verfügung und Anwendungen waren im Normalfall einem „Besitzer" zugehörig, also firmeneigen oder urheberrechtlich oder generell eigentümergeschützt.

Die Beschreibung des „Nachfolgers" Web 2.0 ist schwieriger. Auf Grund der Komplexität der gegenwärtig im Internet vorhandenen Anwendungsbereiche ist eine Kurzbeschreibung tatsächlich schwer zu leisten. 2009, fünf Jahre nach dem Übergang von 1.0 zu 2.0, veröffentliche Tim O`Reilly, ein erfolgreicher Softwareentwickler und EDV-Verleger, folgenden Erklärungsversuch:

> „Like many important concepts, Web 2.0 doesn't have a hard boundary, but rather, a gravitational core. You can visualize Web 2.0 as a set of principles and practices that tie together a veritable solar system of sites that demonstrate some or all of those principles, at a varying distance from that core."[4]

Was O`Reilly hier betont, ist die Komplexität des weiterentwickelten Systems. Im Web 2.0 verbinden sich verschiedene Grundsätze, Methoden und Anwendungen zu einem weitverzweigten, nahezu unendlichen Geflecht. Das Web 2.0 ist nicht mehr statisch, sondern dynamisch. Im Web 2.0 werden Informationen nicht nur konsumiert, sondern sie werden bearbeitet, kommentiert, aktualisiert oder vernetzt. War im Web 1.0 der Inhalt des Internets statisch – a set of static websites – bedient es sich heutzutage der Gruppendynamik der Milliarden Menschen, die sich im Internet bewegen und Spuren verschiedenster Arten hinterlassen.

Diese Interaktionen, von unterschiedlichen Plattformen wie den sozialen Netzwerken, Video-Datenbanken oder auch Online-Enzyklopädien intensiv gefördert, bieten mit einem weiteren Charakteristikum

---

[3]   Hyperlinks sind Verweise, sie führen im elektronischen Dokument oder von einer website zu einem anderen elektronischen Dokument.

[4]   http.//oreilly.com/web2/archive/what-is-web-20.html Abruf 8.8.2013

„revolutionäre" Eigenschaften: Das Internet ist nicht mehr proprietär, d.h. viele Anwendungen sind nicht mehr einseitig an den Anbieter bzw. Eigentümer gebunden. Es gibt Anbieter und Konsumenten – diese können jedoch ihre Rollen funktional jederzeit ändern: so werden Anbieter zu Konsumenten und Konsumenten zu Anbietern; und zwar nicht dauerhaft, sondern entsprechend der jeweiligen Disposition der Akteure.

Erinnert man sich beispielsweise an die Nutzungsmöglichkeiten des Internets noch um die Jahrtausendwende, denkt man meist an die Möglichkeiten der schnellen Informationsbeschaffung und den papier- und kostenlosen E-Mail-Verkehr. Kaufentscheidungen wurden durch vorherige Preisvergleiche bei verschiedenen Anbietern im Netz getroffen, die Öffnungszeiten und Speisekarten von Restaurants im Urlaubsort ließen die vorausschauende Planung der Aufenthaltsdauer zu, eine E-Mail ersetzte die Postkarte an die Daheimgebliebenen und Weihnachtsgeschenke konnte man per digitalem Auktionshaus aussuchen, bestellen und liefern lassen, ohne einen Fuss vor die Tür gesetzt zu haben. Die Beziehung zwischen Anbieter und Konsument veränderte sich drastisch, war es doch auf einmal mit geringem Zeitaufwand einfach, eine Vielzahl von Produkten und Dienstleistungen in Bezug auf Preis und Leistung zu vergleichen. Jedoch konnten die Kunden Informationen, die vom Anbieter ins Netz gestellt wurden, nur statisch und einseitig verwenden.

Das ist heute, im Zeitalter des Web 2.0, anders. Das Web 2.0 besteht inzwischen aus der Summe der Anwendungen von Web 1.0. So kann ein Unternehmen zum Beispiel seine Leistungen auf einer Homepage, die mit einer digitalen Visitenkarte vergleichbar ist, präsentieren; man findet auf der Homepage die Möglichkeit, einen der Tageszeitung beigelegtem Prospekt in elektronischer Form anzuklicken und anzusehen. Hotels, Druckerpatronen und Bücher werden nicht mehr nur auf der Internetpräsenz des anbietenden Unternehmens dargestellt und beworben. Konsumenten können ihrerseits mit Bewertungen, Fotos, Videos und Erfahrungsberichten Produkte oder auch ein ganzes Unternehmen kritisieren, loben oder tadeln – eine Möglichkeit dazu bieten viele Online-Netzwerke, Blogs und Metasuchmaschinen.

Auf diese Weise wird eine Vielzahl von Personen angesprochen, und diese sind für die Unternehmen wichtige potentielle Kunden, die nicht ignoriert werden dürfen.

Der Zugewinn, der den umfassenden Unterschied zum Web 2.0 ausmacht, ist die gewachsene Interaktivität zwischen Unternehmen und Konsument und vor allem von Konsument zu Konsument.

Entsprechend offensiv reagieren die Unternehmen darauf: Nach einer repräsentativen Umfrage des Bundesverbandes Informationswirtschaft, Telekommunikation und neue Medien e.V. BITKOM beauftragt jedes zehnte der 1.500 befragten Unternehmen in Deutschland inzwischen mindestens einen Mitarbeiter mit der gezielten Pflege der Webauftritte und -anwendungen wie *Facebook, Twitter* oder *XING*. Der Beruf der Social Media-ManagerInnen ist entstanden, allerdings ist er in seiner Form noch wenig normiert. Entsprechende Studienabschlüsse und innerbetriebliche Weiterbildungen sorgen jedoch kontinuierlich für die Etablierung dieser Ausbildung.

1.2 Social Media – Soziale Netzwerke

Beschreibt das Web 2.0 das gesamte Portfolio des Internets, **zielen Social Media auf die gesellschaftlichen, sozialen Fähigkeiten des Internets**, mit der sich Nutzer vernetzen und Medien austauschen können. Zu der Zeit, als Social Media noch in den Kinderschuhen steckten, wurden Vernetzungen und Gruppenbildungen als reines Hobby angesehen. Infolge des permanenten Ausbaus und der stetigen Weiterentwicklung der Möglichkeiten werden mittlerweile auch Plattformen betrieben, die sich auf die Berufswelt der Benutzer/User konzentrieren und Online-Stellenausschreibungen und Live-Bewerbungen ermöglichen (siehe *XING*[5]).

Als Voraussetzung zur **aktiven Teilnahme** im Social Media-Netzwerk dient ein typisches Element, die **Erstellung eines persönlichen**

---

[5]   https://www.xing.com/ – Abruf 24.07.2013

Profils. Dieses Profil fällt je nach Netzwerkanbieter mehr oder weniger ausführlich aus, obligatorisch sind in der Regel mindestens der Name, das Geburtsdatum und eine E-Mail-Adresse.

Das Angebot ist grundsätzlich niederschwellig, schon das einfache Verfahren bei der Anmeldung vermittelt das Gefühl willkommen zu sein: Die **Zugehörigkeit** zu einem Netzwerk, und damit der Social Media, ist nicht exklusiv; jeder kann schnell und ohne Vorkenntnisse einen Account erstellten und damit aktiv – oder je nach Wunsch auch passiv – am Austausch teilnehmen. Da mindestens die „einfache" Mitgliedschaft auf einer Plattform kostenlos ist, dient allein schon die schnelle **Profilerstellung** als Strategie zur Nutzergewinnung. Da sich die Anbieter der Social Media über Werbung finanzieren, sind steigende Mitgliederzahlen wiederum gute Argumente beim und zum Abschluss von Werbeverträgen mit Unternehmen.

Neben diesen Vorteilen gibt es eine Reihe weiterer Gründe für die Erfolgsgeschichte der Social Media-Netzwerke:

- **Sie sind kostenlos.** Mindestens die Grundausstattungen der Social Media-Elemente können die Nutzer ohne Gebühren verwenden. Nur selten werden auch für die Erweiterungen bei den Gebrauchsmöglichkeiten oder beim Speicherplatz Entgelte verlangt.

- **Vorkenntnisse sind nicht nötig.** Programmierkenntnisse oder sonstiges technisches Wissen sind bei der Einrichtung eines Profils auf einer sozialen Plattform nicht erforderlich, da die nötigen Schritte und Abläufe zur Einrichtung und Nutzung eines Profils selbsterklärend sind, oft gibt es helfende Videoanleitungen. Einige grundlegende Daten (siehe dazu Kapitel „Technik") zum digitalen Verständnis erleichtern den Umgang, Hilfestellungen sind jedoch bei jeder Anwendung zu finden.

- **Es herrscht das Maximalprinzip,** denn möglichst viele Personen einer oder mehrerer Zielgruppen sollen und können mit relativ geringen Mitteln (Personalaufwand, Zeitaufwand, finanzieller Rahmen) erreicht werden. Voraussetzung dafür ist eine gute Strategie zur Nutzung der Social Media-Elemente und ein konkreter Plan. (siehe dazu Kapitel 8).

- **Direktheit und eine geringe Hemmschwelle** ermöglichen, dass der Nutzer der Social Media seinem digitalen Gegenüber so nah wie in keinem anderen Bereich des Internets ist. Lediglich der E-Mail-Verkehr erreicht annähernd diesen Status. Es geht persönlich zu und oft geben die Nutzer Informationen über Alter und Interessen oder auch ein Foto von sich bekannt. Die erste Kontaktaufnahme, zum Beispiel ein Austausch über alltägliche oder berufliche Bereiche oder spezielle Fragen, fällt leicht. Da sich in diesen Social Media-Elementen auch Gruppen zu gleichen Interessen bilden, können Zielgruppen erkannt und „als Einheit" angesprochen werden. Folglich können weitere Personen erfasst und an die eigene Einrichtung gebunden werden, es können Dialoge eröffnet und auch zielgruppenrelevante Themen aufgegriffen werden.

- **Eine Communitybildung erfolgt,** wenn eine Anzahl von Personen dauerhaft an den Angeboten zum Beispiel einer Kultureinrichtung interessiert ist und dafür eine eigene Gruppe, eine Community, gegründet werden kann. Diese Nutzer können die entsprechende Einrichtung im Netz unterstützen, sie bewerben oder diese auch offline unterstützen, indem sie zu Veranstaltungen kommen, spenden und/oder dort als Freiwillige tätig werden.

- **Eine Vernetzung ist möglich** mit ähnlichen Kultureinrichtungen. Kontakte können zu Privatpersonen und zu anderen Einrichtungen geknüpft und eingerichtet werden. Eine Einschätzung des eigenen Status beispielsweise im Kulturbereich kann so gefördert werden: Wie agieren andere Einrichtungen, wie werben sie, welche Angebote führen sie durch, in welchem Turnus nehmen sie Account-Aktualisierungen vor, welche (Re-)Aktionen entwickeln ihre Nutzer usw. Auch hier können digital geschlossene Kooperationen „im echten Leben" auf- und ausgebaut werden. Vor allem aber kann die Vernetzung mit Privatpersonen wie auch mit Kultureinrichtungen international ausgebaut werden, was einen interessanten und weitaus größeren Blickwinkel auf andere, aber auch die eigene Einrichtung zulässt.

- **Virales Marketing**[6] **ermöglicht einen Schneeballeffekt der Informationsverbreitung,** das ist eines der Hauptargumente der Social Media: Auf die Plattform eingestellte Inhalte werden von „Freunden" bzw. „Fans" gelesen, bewertet und ggf. geteilt, „Freundesfreunde" lesen wiederum auf der Seite die entsprechenden Informationen, teilen sie bei Interesse ebenfalls und verbreiten so in wenigen Schritten den einmalig eingestellten Inhalt an eine kaum mehr überschaubare Anzahl von Personen, welche ohne diese „Brücken" nicht oder nur sehr unwahrscheinlich erreicht worden wären.

Neben diesen genannten Merkmalen der Social Media gibt es andere charakteristische Eigenschaften, die dieses Medium mit sich bringt und es deshalb schwer greifbar erscheinen lässt. Vergleicht man eine analoge Mediensammlung, z.B. einen Buchladen, mit einem digitalen Pendant, z.B. dem Online-Buchshop Thalia[7], wird klar, wie viel mehr Nutzer *einem* Angebot gegenüberstehen; Nachfrage und Angebot stehen hier in einem völlig anderen Verhältnis als im Buchladen. Das Web ist ähnlich dem Fernsehprogramm ein Massenmedium. Social Media hat das Web mit der digitalen Präsenz der Milliarden Nutzer gefüllt und so ein Medium geschaffen, welches an inhaltlicher Größe nicht mehr zu messen ist und gleichzeitig durch die permanente Einstellung von Daten jeglicher Art als „allwissend" erscheint.

---

[6] moderne „Mundpropaganda"; die Bezeichnung „viral" besagt in diesem Zusammenhang, dass Informationen – ähnlich wie ein biologischer Virus – in schnellstmöglicher Zeit an andere weitergegeben werden. Der Effekt wird verstärkt durch verschiedene elektronische Medien wie Filmclips, Postkarten usw.

[7] http://www.thalia.de – Abruf 25.07.2013

Wie ist es also möglich, das Angebot zu überblicken, zu separieren und für den eigenen Gebrauch zu nutzen? Die finanziellen, technischen und zeitlichen Hürden zur Produktion von Inhalten sind bei der Nutzung von Social Media – im Gegensatz zu den „alten" Medien wie Film oder Radio – nicht vorhanden. Der Nutzer muss weder programmieren können noch aufwändige Produkte erstellen oder finanzielle Mittel aufbringen, um wirksam auf einer sozialen Plattform vertreten zu sein. Mit einfachen Mitteln können heute analoge Medien digitalisiert und ins Netz gestellt werden. Inhalte werden verändert, angereichert und viral geteilt, allerdings selten gelöscht. Um in diesem undurchschaubaren Medienangebot eine konstante Präsenz und die Wahrnehmung durch andere Personen zu erreichen, sollten folgende Punkte berücksichtigt werden:

- **Der Inhalt muss benutzerfreundlich sein.** Einfache und überschaubare Inhalte sprechen Nutzer an und geben ihnen schnell einen Eindruck von dem, was er von der Präsenz erwarten kann.

- **Die Informationen müssen prägnant und authentisch sein,** so heben sie sich von ausschweifenden und unseriösen Meldungen deutlich ab und werden bewusst vom Leser wahrgenommen.

- **Die Angebote müssen an einem Ort gebündelt werden.** Ein strukturierter Aufbau und eine nachvollziehbare Systematik erleichtern das Lesen, wohingegen ständiges Suchen das Abspringen der Nutzer eher fördert: Bewährte Produkte findet der Besucher an seinem gewohnten Platz, Neuerungen müssen auffallend auf sich aufmerksam machen.

1.3 Creative Commons

Wenn Archive Social Media nutzen und medienwirksame Inhalte wie z.B. Photos oder Videos verwenden wollen, ist eine rechtssichere Vorgehensweise unumgänglich. Dieser Bereich ist nicht ganz einfach zu durchblicken, kommen doch verschiedene Gesetze wie Nutzungs- und Verwertungsrechte in Anwendung, die berücksichtigt werden müssen (siehe hierzu Kapitel 4).

Nützlich für die Anwender sind hier die **Creative Commons (CC)**, die helfen, die Verbindung von Social Media-Anwendungen und Inhalten in Bezug auf das Urheberrecht rechtssicher zu gestalten.

Creative Commons (CC) wurden 2001 von Lawrence Lessig ins Leben gerufen.[8] **Creative Commons** ist sowohl der Name der von ihm gegründeten Non-Profit-Organisation (San Francisco) als auch ihres „Produkts": **Creative Commons** fördern die Veröffentlichung und Verbreitung frei verfügbarer Werke, um den Zugang zu Wissen und Bildung unabhängig von der finanziellen Situation der Nutzer zu ermöglichen. Mit vorgefertigten Lizenzverträgen wird Anbietern und Nutzern eine Hilfestellung für die Veröffentlichung und Verbreitung digitaler Medieninhalte angeboten. Mit **Creative Commons** wird sowohl Urhebern als auch Nutzern das Urheberrecht komprimiert in seinen wichtigsten Aussagen angeboten, damit sich beide Parteien rechtsgültig darauf beziehen können.

Konkret heißt das, dass **Creative Commons** sechs verschiedene Standard-Lizenzverträge anbietet, die bei der Verbreitung kreativer Inhalte genutzt werden können, um rechtliche Bedingungen festzulegen. Die CC-Lizenzverträge werden von den Urhebern übernommen und in eigener Verantwortung verwendet, um klarzustellen, was mit den Inhalten ihrer Webseiten geschehen darf und was nicht. Ein Nutzer kann dieses Werk daraufhin zu den angegebenen Lizenzen nutzen, ohne in Verhandlung mit dem Urheber treten zu müssen.

CC-Lizenzen zur Nutzung der digitaler Inhalte werden leicht verständlich mit Icons und zuordnungsbaren Nutzungsrechten dargestellt werden, und setzen somit allenfalls oberflächliche Kenntnisse der Inhalte der – internationalen – Urheberrechte voraus; vergleichbar sind sie mit Straßenschildern, die einen unmissverständlichen Ablauf

---

[8]   http://de.creativecommons.org/was-ist-cc/ – Abruf 14.03.2013

unter allen teilnehmenden Personen ermöglichen. Zur Verdeutlichung dient folgendes Schaubild:

Icon	Bedeutung	Lizenzkürzel
	Namensnennung	CC BY
	Namensnennung – Keine Bearbeitung	CC BY-ND
	Namensnennung – Nicht kommerziell	CC BY-NC
	Namensnennung – Nicht kommerziell – Keine Bearbeitung	CC BY-NC-ND
	Namensnennung – Nicht kommerziell – Weitergabe unter gleichen Bedingungen	CC BY-NC-SA

Man darf also ein Werk bzw. den Inhalt vervielfältigen, verbreiten und öffentlich zugänglich machen, Abwandlungen und Bearbeitungen des Werkes bzw. Inhaltes anfertigen oder das Werk kommerziell nutzen, je nach Angabe:

Bei einer Lizenz mit diesem Icon und der Lizenzbezeichnung „CC BY" muss die **Namensnennung** (by...) des Rechteinhabers erfolgen in der vom Autor bzw. Rechteinhaber festgelegten Weise.

Bei dieser Lizenz mit dem Kürzel CC BY-ND muss die **Namensnennung** erfolgen, das Werk darf aber **nicht bearbeitet** werden (**No D**erivatives)

Bei der Lizenz mit der Bezeichnung CC BY-NC muss die **Namensnennung** erfolgen, und das Werk darf **nicht kommerziell** (**N**ot **C**ommercial) genutzt werden.

Die Lizenzbezeichnung lautet CC BY-NC-ND. Entsprechend darf hier **nicht kommerziell** genutzt werden und auch **nicht bearbeitet** werden, aber bei **Namensnennung** verwendet werden.

Dieses Lizenzmodell mit der Bezeichnung CC BY-NC-SA verlangt die **Namensnennung** des Rechteinhabers, **verbietet die kommerzielle Nutzung** und gebietet bei Nutzung die **Weitergabe unter gleichen Bedingungen** (**S**hare **A**like).

Ein Urheber kann zum Beispiel die CC-Lizenz nach seinen persönlichen Wünschen „auf sein Werk legen" (in Form von Meta-Angaben an die Datei binden oder die Icons sichtbar unter das Werk setzen), um das Werk entweder ganz, in Teilen oder auch gar nicht der Öffentlichkeit zugänglich zu machen oder um Rechte zu gewähren oder zu verbieten – seine Verwertungsrechte bleiben jedoch in jedem Fall bestehen.

Beispiele für die Nutzung der CC-Lizenzen bieten der NDR[9], das ZDF[10] und das Bundesarchiv.[11] Sie stellen unterschiedliche Medien zur Nutzung zur Verfügung und beziehen sich bei den rechtlichen Einschränkungen wie der nicht kommerziellen Benutzung und des Verbots der Bearbeitung auf die **Creative Commons**.

Die Aussicht auf eine weltweit homogene Darstellung der Nutzungsrechte scheint möglich, in der Realität stockt allerdings die Verwendung der CC-Lizenzen. Dies mag am geringen Bekanntheitsgrad oder aber am Zweifel der Urheber und Nutzer an der rechtlichen Tragfähigkeit liegen.

---

[9] http://www.ndr.de/ratgeber/netzwelt/tv298.html – Abruf 01.08.2013

[10] http://stadt-bremerhaven.de/zdfcheck-zdf-prueft-politikeraussagen-mit-community-unterstuetzung/ – Abruf 01.08.2013

[11] http://content.stuttgarter-zeitung.de/stz/page/1891925_0_2147_deutsche-geschichte-bundesarchiv-bilder-bei-wikipedia.html Abruf 01.08.2013

2. Vorstellung der Social Media-Anwendungen

Im Folgenden werden die Dienste *Flickr*, *YouTube* und *Twitter* vorgestellt, weiterhin der **Blog** und **Facebook**. *Flickr* und *YouTube* stehen dabei stellvertretend für weitere Anwendungen ihrer Art wie z. B. *Vimeo* (Videos einstellen und teilen) oder *Picasa* (Fotos einstellen und teilen), die sich zwar im Aufbau und in der Anwendung unterscheiden, deren Angebote jedoch den hier vorgestellten sehr ähneln.

Alle Anwendungen dienen dem **Einstellen und Austauschen unterschiedlicher Medien** zwischen mehreren Personen, dem **media sharing** ((Ver-)teilen von Medien).

Die Dienste werden zu **„social media sharing sites"**, wenn sie den Nutzern/Usern die Möglichkeiten bieten, sich untereinander zu vernetzen, Diskussionen zu führen und vorhandene Medien weiterzuleiten. So werden unterschiedlichste Nutzergruppen angesprochen, da das Themengebiet der eingestellten Daten frei wählbar ist. *Twitter*, *Flickr* und *YouTube* wurden nur für diese Aufgabe ins Leben gerufen und erfüllen inzwischen diese Eigenschaften am genauesten.

Ein Blog dient nicht im engeren Sinne dem Austausch von Medien, vielmehr sollen hier textlastige Inhalte, zum Teil unterlegt mit Fotos und Videos, zwar vermittelt und wahrgenommen, nicht aber vom Leser heruntergeladen bzw. geteilt werden.

Facebook hingegen diente anfangs „nur" der Kommunikation mittels Pinnwandeinträgen und persönlichen Nachrichten unter Studenten; später erst entwickelte sich die Möglichkeit, Videos, Fotos und lange Texte auf die Plattform hochzuladen und sie miteinander zu verbinden.

Die vorgestellten Anwendungen werden mit Beispielen belegt. Aus den genannten Ausführungen erfährt *Facebook* die umfangreichste Darstellung.

2.1 Flickr

Flickr **ist eine Media-Sharing-Anwendung**, die die **Speicherung und Veröffentlichung von Fotos und**, nachrangig, auch von **Videos** anbietet.

Flickr besteht seit 2004 und ist Eigentum des Internetunternehmens *Yahoo*. Von den 51 Millionen registrierten Mitgliedern wurden bisher über 6 Milliarden Fotos online gestellt, die von etwa 80 Millionen Besuchern angeschaut werden[12].

Nach dem Einrichten eines Accounts können Nutzer/User Fotos hochladen, sie kommentieren oder von ausgewählten Personen kommentieren lassen, Ortsangaben mit Kartenfunktion einfügen und Schlagworte zur Kategorisierung anlegen.

Fotos und Bilder können einzeln von „uneinsehbar" bis „öffentlich für alle" verwaltet werden: für die Öffentlichkeit angelegte Fotos können von Personen ohne Account eingesehen werden, alle weiteren Aufnahmen werden nur über den Zugang zu *Flickr* erreicht.

Um die Fotos systematisch zu ordnen, bietet *Flickr* das Einrichten von „Sammlungen", „Alben" und „Galerien" an: Während ein **Album** ein oder mehrere Bilder, und eine **Sammlung** i.d.R. mehrere Alben enthält, werden in die **Galerie** ausgewählte Aufnahmen aus besonderem Anlass und zur besonderen Aufmerksamkeit eingestellt; hier können zu einem speziellen Thema, einem bestimmten Fotografen oder einer begrenzten Zeitepoche Fotos gesammelt angeboten werden.

Der persönliche *Flickr*-Account kann mit dem eigenen *Facebook*-oder *Twitter*-Konto verbunden werden, mit entsprechenden Einstellungen werden die hochgeladenen Bilder mit den beiden Diensten automatisch synchronisiert.

---

[12] http://advertising.yahoo.com/article/Flickr.html – Abruf 08.08.2013

Die **Uploadgröße**[13] von Bildern und Videos ist beschränkt: pro Monat können Fotos bis zu einer gesamten Speichergröße von 300 Megabyte und zwei Videos hochgeladen werden. Um diesen Platz zu vergrößern, bietet *Flickr* eine Erweiterung, den **Flickr pro-Account** an. Dieses kostenpflichtige Abonnement (3 Monate $6.95, 1 Jahr $24.95[14]) erlaubt einen unbegrenzten Speicherplatz sowie den Zugriff des Accountinhabers auf die Originaldateien.[15] Zudem erhält der Nutzer der pro-Version die Statistikfunktion, die Aufschlüsse über die Besucher des eigenen Accounts und über die aufgerufenen Bilder gibt.

2.2 YouTube

YouTube ist die mit Abstand größte öffentliche Video-Plattform. Sie wurde 2005 gegründet, ist seit 2006 Eigentum von *Google*, und ist inzwischen in 43 Sprachen verfügbar.

Angemeldete User können Videos hochladen und so für andere Nutzer zur Verfügung stellen. Durch den simplen Umgang mit *YouTube* sind dort Videos jeglicher Themen- und Qualitätsbereiche zu finden: so gibt es Privataufnahmen von Geburtstagsfeiern, aber auch professionelle Produktvorstellungen oder Wahlkampfvideos von Parteien. **Das Angebot ist kostenlos** und wird gut angenommen:

- Etwa sechs Milliarden Videos werden jeden Monat angesehen, pro Minute werden 100 Stunden Material hochgeladen, in einem Monat besuchen ca. 1 Milliarde verschiedene Nutzer die Plattform.[16]

---

[13] Bei Bildern z.B. bezieht sich die Upload-Größe zum einen auf die Abmessungen des Bildes (Höhe und Breite des Bildes in Pixeln), zum anderen auch auf die Speicherplatzmenge, die die Datei auf der Festplatte einnimmt (Dateigröße).

[14] http://www.Flickr.com/help/with/paying/ – Abruf 08.08.2013

[15] Im kostenfreien Account werden alle hochgeladenen Bilder jeglichen Formats in das jpg-Format umgewandelt und nur der Zugriff auf diese gewährt.

[16] http://www.YouTube.com/t/press_statistics –Abruf 27.07.2013

Viele deutsche Museen nutzen *YouTube* als Übermittler von Videos als Zusatz zu ihren Homepages. Zwar wäre eine Einbindung der Videos möglich, jedoch wird dadurch eine große Menge an Speicherplatz auf dem eigenen Server bzw. beim Website-Anbieter verbraucht.

Als Beispiel kann hier das *Deutsche Museum* in München genannt werden, das einen eigenen Account eingerichtet hat, also eine selbst gestaltete und im Design auf das Museum zugeschnittene Seite. Dort sind neben unterschiedlichsten informativen Videos zum Museum eine Kurzbeschreibung und eine kleine Statistik (Anzahl der Abonnenten und Videoaufrufe) zu finden, die einen Einblick in Bestände, Aufgaben und Tätigkeiten liefern:[17]

Zusammenfassend kann gesagt werden, dass **der Vorteil**, der *YouTube* zu seiner umfassenden Präsenz verhilft, in der Möglichkeit besteht, **Videos einfach und schnell in andere Social Media-Elemente einzubetten**, sei es in einen Blog, eine *Facebook*-Präsenz oder eine Website.

Durch das Bereitstellen und die Verfügbarkeit der Videos auf einer Plattform und die Möglichkeit, diese durch Verlinken/Verbinden auf verschiedene andere Elemente zu verbreiten, können sich die Videos (durch das Verteilen der User) viral, also im positiven Sinn virusähnlich von Mensch zu Mensch verbreiten.

Ein weiterer Vorteil ist, dass angemeldete Nutzer ihre hochgeladenen Videos in einen oder mehrere „Kanäle" sortieren können, so dass Besucher auf einen Blick alle zu diesem Account gehörenden Videos sehen können – dadurch werden interessierte Besucher länger auf der Seite gehalten.

---

[17] http://www.YouTube.com/user/DeutschesMuseum?ob=0&feature=results_main – Abruf 27.07.2013

2.3 Twitter

Twitter beschreibt sich selbst als **Echtzeit-Informationsnetzwerk**.[18] Es hat inzwischen 100 Millionen User weltweit, von denen täglich ca. 200 Mio. Tweets (Kurznachrichten) versendet werden. Über die Homepage oder die Applikation für Smartphones können Tweets empfangen werden, die maximal eine Länge von 140 Zeichen haben. Auch hier sorgen Verbindungen mit anderen Accounts zu ständigen Aktualisierungen auf den jeweiligen Endgeräten der Benutzer. Dabei ist es nicht erforderlich, selbst aktiv zu werden und Kurznachrichten zu verfassen. Nachrichten von Personen oder sonstigen Informationsgebern werden an alle Empfänger übermittelt, die sich mit dem Verfasser verbunden haben. So ist es möglich, in kurzer Zeit eine große Anzahl von Personen mit nur einer Nachricht zu erreichen. Zu bedenken ist jedoch, dass die Bestätigung, einem Account zu folgen, nicht automatisch den gegenseitigen Austausch generiert; der Nutzer muss sich ebenfalls als Follower des Accounts anmelden. Aus „Netiquette", der digitalen Höflichkeit, sollte eine Kultureinrichtung mit anderen Kultureinrichtungen diesen Austausch pflegen.

Werden z.B. die Tweets der Tagesschau abonniert, erhalten die Nutzer regelmäßig die neuesten Schlagzeilen in ihren Account. Mit einem Klick auf den angehängten Kurzlink gelangt man auf die Homepage der Tagesschau und somit zum ausführlichen Bericht.

Diese Form von **Mikroblogging** (eine Form des Bloggens mit meist weniger als 200 Zeichen) wird vorrangig von bekannten Persönlichkeiten genutzt, um die Aufmerksamkeit ihrer Fans zu erhalten oder um für neue Filme oder Musikalben Werbung zu machen.

Die Anzahl der **Follower**, der Fans und Verehrer, wird (national und international) in einem ständig aktualisierten Ranking gelistet. Die meisten Anhänger – international („Follower")[19] – und somit Platz 1

---

[18]   http://Twitter.com/ about – Abruf 24.02.2013
[19]   http://www.socialbakers.com/Twitter – Abruf 24.06.2012

hält Justin Bieber mit 37.299.347 Followern, Platz 2 hält Lady Gaga mit 35.978.728 Followern, den 3. Platz Katy Perry mit 34.741.961 Followern.

Betrachtet man hingegen die Zahlen der *Twitter*nden Museen in Deutschland, erscheinen die Zahlen der Follower, die sich mit den Accounts der Museen verbunden haben, eher gering. Berücksichtigt man allerdings die Tatsache, dass es sich um öffentliche Einrichtungen handelt und nicht um internationale Popstars, dann ist die Größe der Followergruppen doch recht ansehnlich.[20]

Aus einer Auflistung von Kultureinrichtungen, die entsprechend der Anzahl ihrer Follower gesetzt wurden, werden in der folgenden Tabelle die ersten zehn Kultureinrichtungen gelistet:

Einrichtung	Follower
Mercedes Benz Museum Stuttgart	20.329
NRW-Forum Düsseldorf	14.875
Bauernhof- Wintersportmuseum Schliersee	10.669
Städel Museum Frankfurt a.M.	6.249
SCHIRN Kunsthalle Frankfurt a.M.	5.893
ZKM Karlsruhe	5.788
Lokschuppen Rosenheim	5.239
Haus der Kunst München	4.683
Kunsthalle Deutsche Bank	4.743
C/O Berlin (Internationales Forum für visuelle Dialoge)	3.511

---

[20] http://www.visitatio.de/Twitter/Twitternde-Museen-April-2013/Rangliste – Abruf 01.04.2013

Die Zahl der *Twitter*nden Museen steigt stetig: Waren es im Februar 2010 47 Museen und 97 im Januar 2011, sind es zur Zeit 154 erfasste Museen mit aktiver Teilnahme.

Durch die begrenzte Zeichenanzahl pro Tweet ist hier die bekannte „Würze in der Kürze" erforderlich: Ansprechende, inhaltlich komprimierte Kurzinformationen sind gefragt. Über den direkt an den Text angehängten Link gelangen die Leser zum Beitrag, der dann ausführlich über Neuigkeiten berichtet; **URLs**[21] können z.B. über Tinyurl[22] verkürzt werden, um den Zeichenbedarf zu verringern. So setzt zum Beispiel das LWL-(Landschaftsverband Westfalen-Lippe)-Museum für Archäologie in Münster *Twitter* ein, um Nachbetrachtungen einer Ausstellung zu veröffentlichen, oder verbreitet über *Facebook* neu eingestellte Bilder und Veranstaltungshinweise.

Die **hohe Aufmerksamkeitsrate**, die die versandten Nachrichten „genießen", beruht auf der Konzentration vieler Accounts auf einen Kanal. Der Leser nutzt *Twitter*, um Neuigkeiten aus dem breiten Interessengebiet der Nutzer zu erhalten. Dafür meldet er sich bei unterschiedlichen Profilen an, um ein größtmögliches Portfolio seiner Interessen aufzubauen; die Schlagzeilen der Tagesschau, Interviews der favorisierten Musikband oder die angesprochene neue Museumsausstellung können so wahrgenommen werden. Das kann allerdings nur erreicht werden, wenn ein *Twitter*-Account gut gepflegt wird. Hat die Kultureinrichtung ein Profil angelegt und haben sich Follower gefunden, verlassen sich diese meist auf die Aktualität des Dienstes. Was hier nicht gepostet wird, wird auch auf der Homepage oder dem *YouTube*-Kanal nicht wahrgenommen. Anders als die RSS-Funktion[23] eines Blogs oder der Pinnwand eines *Facebook*-Accounts wird auf einer Homepage nicht automatisch auf eine Neuerung hingewiesen. Diese Lücke kann *Twitter* schließen.

---

[21] **U**niform **R**esource **L**ocator: Internetadresse

[22] www.tinyurl.com – Abruf 15.8.2013

[23] *Really Simple Syndication – Funktion* für die Meldung von Änderungen auf Websites

2.4 Blog

Um **lange Textbeiträge aktuell und persönlich**, d.h. nicht so formell wie auf einer Webseite, zu veröffentlichen, bietet sich **der Blog** als bestes und zudem **kostenloses bzw. kostengünstiges Element** an. Hier werden in gegenchronologischer Reihenfolge Texte, Videos (mit Hilfe von Videodiensten wie *YouTube* oder *myvideo*) oder Bilder veröffentlicht. Aktuelle Diskussionsergebnisse zu einem Fachgebiet, die Ankündigung zum Tag der offenen Tür oder Vortragsinhalte für Personen eines Seminars können so ausführlich oder in Kürze auf einer eigenen Seite über das Internet verbreitet werden. Zusätzlich können diese Beiträge von Lesern kommentiert und verlinkt werden, so dass ein reger Austausch entstehen kann. Um den Missbrauch der Kommentarfunktion zu unterbinden, besteht die Möglichkeit, Kommentare erst nach der Prüfung durch den Administrator des Blogs freizuschalten oder Zeiten zu benennen, in denen die Funktion außer Betrieb ist; z.B. am Wochenende, wenn der zuständige Mitarbeiter nicht am Arbeitsplatz ist.

Der Blog wird optimal genutzt, wenn in regelmäßigen Abständen (mindestens einmal pro Woche) neue Inhalte eingestellt werden. Für ein Archiv würde sich z.B. die Wahl der „Archivalie des Monats" anbieten, da der Text nicht für jedes Thema neu erdacht werden muss und sich gleichzeitig eine Anhängerschaft von Lesern bilden kann, die eine terminierte Aktualisierung dieser Vorstellung einer Urkunde, eines Bildes oder eines Briefes „erwartet". Wird ein Originaltext in deutscher Schrift eingefügt, kann man die Nutzer des Blogs zur Transkription motivieren und den Inhalt zur Diskussion frei stellen. Bei Fotos oder kurzen Videoaufnahmen könnten die Nutzer Schätzungen zum Aufnahmedatum vornehmen.

So ermöglicht ein Blog – im Unterschied zur statischen Homepage – einen **permanenten Informationseinfluss** durch die Blogbetreiber und **Diskussionsmöglichkeiten**. Die Seriosität einer Mitteilung wird durch die persönliche, stilistisch lockerere Art der Texte nicht gemindert, jedoch rückt sie ein Stück in den Hintergrund. Eine unterhaltsame Geschichte mit einer guten Pointe, ein Blick hinter die Kulissen zum

Beispiel der Archivarbeit oder der Ablauf einer Nachlassübernahme kann und sollte hier umgangssprachlich beschrieben werden. Auch persönliche Meinungen sind gestattet.

Um den Turnus der Blogeinträge zu verdeutlichen und den Lesern die Aktualisierungen zu erleichtern, ist es möglich, **Blogs zu abonnieren**. So wird bei einer Neuanmeldung eines **RSS-Feed**[24] den Abonnenten automatisch eine Kopie des Beitrags an die E-Mail-Adresse gesandt. Leser, die mehrere Blogs abonniert haben und die Übersicht nicht verlieren oder neue Einträge nicht verpassen wollen, nutzen einen sogenannten **Feedreader**. Dieses Programm bietet die Möglichkeit, dass alle Einträge abonnierter Blogs an einem Ort gesammelt werden. Dieser RSS-Feed bietet die Möglichkeit, zum Beispiel eine Art Archiv-Newsletter zu verfassen, um so auf neu verzeichnete Bestände, neue Übernahmen oder generell interessante Informationen hinzuweisen. Um den Effekt des Schneeballprinzips zu nutzen, können die Blogeinträge auch mit anderen Elementen wie *Twitter* und *Facebook* verbunden werden. So werden automatisch die eingestellten Aufsätze bei *Facebook* gepostet bzw. als Vorschau mit entsprechender Verlinkung im *Twitter*-Account angegeben.

Damit dem Besucher der Web-Seite auch weitere Inhalte geboten werden können, besteht die Möglichkeit, so genannte **Tags** anzulegen. Tags sind Stichwörter, die als solche vermerkt werden, dann automatisch in einer Liste oder einer **Tagcloud**[25] abgebildet werden und die dann als Link zu allen Einträgen mit dem ausgewählten **Tag** eingesetzt werden können.

Inzwischen gibt es **Hostingdienste**, die gegen einen entsprechenden Kostenbeitrag den Nutzer beim Einrichten, Individualisieren und Verwalten eines Blogs unterstützen können. Sie können hilfreich vor allem bei schwierigeren Vorgängen sein, wie zum Beispiel dem

---

[24] Informationssystem über Veränderungen oder neue Berichte der abonnierten Webseite.

[25] „Wortwolke": themengleiche Wörter werden zu einer Wolke visualisiert und je nach Abfragehäufigkeit größer dargestellt.

Einstellen eines Coroporate Design Zeichens auf der Blogseite. Diese Hostingdienste verfügen auch über eigene **Domains**[26] aus denen sie bestimmte Angebote den Vertragspartnern zur Nutzung überlassen können. Hier sollte der Kosten-Nutzen-Faktor berücksichtigt werden.

Bekannte Hostingdienste sind *Posterous, WordPress* oder *blogger*. Die entsprechend zugeordnete Domain des eigenen Blogs ist bei Nutzung dieser Dienste nur noch bedingt frei wählbar und umfangreicher als bei der eigenen Homepage[27], doch sollte diese Form für die kostenfreie Nutzung in Kauf genommen werden.

Um einen **Blog nicht in Konkurrenz zur eigenen Homepage** auftreten zu lassen, sollten beide miteinander verlinkt werden. Auch ein Einbinden des Blogs in die Webseite ist möglich. Sind beide Auftritte bezüglich Inhalt und Erscheinungsform etwa gleichstark, können sie ineinander gefügt werden. Bietet die Homepage bzw. der Blog wesentlich mehr Inhalt als sein Pendant, kann diese Überlegenheit gegebenenfalls zur Nichtbeachtung seines „Gegenübers" führen und sollte in diesem Fall verhindert werden.

2.4.1 Beispiel:

Beispielhaft für einen parallelen Auftritt sollen hier **der Blog** und **die Homepage der *Bayerischen Staatsoper*** genannt werden.

Der Blog[28] wirkt modern: die Schrift ist serifenlos, teils in grellem Grün gehalten – sie spricht den Leser an. Der diagonal gesetzte Schriftzug „www.blog.staatsoper.de" springt beim Scrollen scheinbar unkontrolliert über die Seite. Zahlreiche Verlinkungen und die ständige Aktualisierung der Blog-Einträge lassen auf eine aktive Arbeit mit diesen Medien schließen. Das Datum im Blog täuscht mitunter:

---

[26]   Teil der Webadresse

[27]   Der Name des Hostinganbieters wird i.d.R. in die URL eingesetzt, z.B. http://www.stadtarchivxy.blogxy.de

[28]   http://blog.staatsoper.de/ – Abruf 27.07.2013

Die zeitlichen Abstände der Meldungen von Blog und Website liegen häufig nur wenige Tage auseinander. Ebenso zeugen die Anzahl der Tags, insgesamt sind es ungefähr 180, vom umfangreichen Inhalt. Es besteht die Möglichkeit, den Blog zu abonnieren: Im linken Menü ist die Position „RSS" vermerkt. Insgesamt fällt die frechere Sprachwahl in den Texten auf und auch die Überschriften sind mit einem gewissen Witz verfasst worden.

Im Gegensatz dazu bietet die **Homepage**[29] das, was man von einem Internetauftritt eines solchen Kulturhauses erwartet: ein schlichter Auftritt mit dezenterer Farbwahl (jedoch ist das gleiche grelle Grün zu finden wie im Blog) Serifen-Schriften, ein Menü und Multimedia-Angebote, das aktuelle Programmheft kann geöffnet, Karten gebucht und Filmclips im „Opern.TV" angesehen werden.

Die beiden digitalen Visitenkarten der *Bayerischen Staatsoper* sind so unterschiedlich, weil sie sich an unterschiedliche Zielgruppen richten und auch ihre Aufgaben nicht identisch sind.

Auf der Homepage der *Bayerischen Staatsoper* werden Informationen wie Spielpläne, Besetzungen, Preise und Kontaktinformationen bekanntgegeben. Hier kann der Leser mehr über die Inhalte der dargebotenen Stücke erfahren, Karten bestellen, sich im Multimedia-Bereich die berühmte Arie „ins Wohnzimmer" holen oder im Merchandise-Shop die Sammeltasse ansehen.

Im Blog dagegen werden Hintergrundinformationen verbreitet. Hier können Bezeichnungen wie „Mozarts Gefühlskuddelmuddel" (Bildunterschrift) oder Wortspiele wie die Frage nach der oder den tragischen Person(en) auftauchen, ohne der Einrichtung der Staatsoper Unwissenheit oder Schlimmeres zu unterstellen. Diese Texte im Blog dienen der Homepage als digitales Gimmick – originale Einschübe oder zum „Zwischendurch" Lesen – ohne ihren unterhaltenden Charakter zu verlieren.

---

[29] http://www.bayerische.staatsoper.de/866--~Staatsoper~bso_aktuell~aktuelles. html – Abruf 27.07.2013

Das angesprochene **Hauptkriterium eines Blogs**, seine **Subjektivität**, wird hier realisiert: Es werden Interviews und Reportagen vorgestellt, die sich mit dem Geschehen um die Oper beschäftigen und persönliche Eindrücke vermitteln. Diese können auch einmal ein bisschen gewollt chaotisch wirken, aber eben dadurch die Oper aus ihrer „biederen" Form heben und sie als modernes, auch von Jugendlichen wahrgenommenes Kulturhaus präsentieren.

Es soll nicht der Eindruck entstehen, dass nur Einrichtungen von der Größe der *Bayerischen Staatsoper* einen Blog verfassen können, der derart vielfältig und umfangreich ist. Die Zielgruppe und ihre Größe sollten ausschlaggebend sein.

2.5 Facebook

Facebook **ist der bekannteste Vertreter** der Social Media-Anwendungen, täglich wird *Facebook* von ca. 483 Millionen Nutzern aufgerufen.

Die inzwischen etwa 833 Millionen angemeldeten Nutzer verteilen sich weltweit, so gibt es fast 156 Millionen Nutzer in den USA, 46 Millionen in Indien und etwa 24 Millionen in Deutschland. Damit steht Deutschland an zehnter Stelle. Jeder vierte Deutsche hat somit einen *Facebook*-Account: etwa die Hälfte der Nutzer ist zwischen 18 und 34 Jahre alt. Ein Drittel aller 50- bis 69jährigen ist ebenfalls bei *Facebook* vertreten. Damit wird dieses soziale Netzwerk zum beliebtesten in dieser Altersgruppe.[30] Auch die Anzahl von Unternehmen, Verbänden und Kultureinrichtungen, die sich mit einer eigenen Seite auf der Plattform präsentieren, steigt stetig an. Um diese Spannweite aufzuzeigen, werden exemplarisch drei Institutionen mit ihren „Followern" genannt: so hat zum Beispiel der *VdA – der Verband deutscher Archivarinnen und Archivare e.V.* bei Drucklegung dieses Buches etwa 115 Fans, das LWL[31]-Landesmuseum für Kunst und Kulturgeschichte in

---

[30] http://allFacebook.de/userdata/ – Abruf 30.04.2013
[31] Landschaftsverband Westfalen-Lippe (LWL)

Münster etwa 750 oder die Zeche Zollverein in Essen immerhin 3093 „Gefällt mir" Einträge.

Facebook wurde 2004 von vier Harvard-Studenten, darunter *Mark Zuckerberg,* gegründet. Damals noch unter dem Namen the *Facebook.* com war das Portal lediglich für Studenten der Harvard-Universität zugänglich und als digitales Jahrbuch angelegt. Aufgrund des ungeahnten Erfolgs und der großen Nachfrage wurde das Netzwerk zunächst für alle Studenten der US-Universitäten geöffnet, später dann weltweit für alle interessierten Personen, auch Nicht-Studenten. Diese Internationalität bedingt eine hohe Anpassungsfähigkeit in Bezug auf die angebotenen Sprachen: *Facebook* ist heute in über siebzig Sprachen abrufbar.

Zusätzlich zu privaten Profilen gibt es inzwischen die Option, auch als **Firma, Institut** oder **Verein eine *Facebook*-Seite zu erstellen.** Bei der Registrierung kann unter diversen Rubriken (z.B. „Lokales Unternehmen oder Ort", „Künstler, Band oder öffentliche Person"[32]) gewählt werden – bei einer Kultureinrichtung wird „Unternehmen, Organisation oder Institution" bestätigt. Nach dieser Auswahl stehen weitere Unterkategorien wahlweise zur Verfügung; „Bibliotheken und Museen" finden sich als eigener Punkt in dieser Auflistung, Archive werden allerdings nicht genannt.

Die Profile unterscheiden sich nur geringfügig im Aufbau, was zunächst als Manko und einschränkend erscheint, insgesamt aber nur sehr gering ins Gewicht fällt.

So sollte für archivische Einrichtungen „Bibliothek" gewählt werden, allerdings erscheint dann auch der Name des Archivs mit dieser Bezeichnung („Stadtarchiv XY, Bibliothek").

Während der Registrierung gibt **der Administrator** (die Person, die die Seite einrichtet) die E-Mail-Adresse, Passwort und das Geburts-

---

[32]   Vier weitere s. http://www.Facebook.com/pages/create.php – Abruf 07.06.2013

datum ein (Personen unter 13 Jahren soll so die Registrierung verwehrt bleiben), damit ist die Anmeldung abgeschlossen.

Für die Individualisierung der Seite sollte nun die Institution beschrieben und Öffnungszeiten und Ähnliches genannt werden, weiterhin können Profilbilder, Fotos, Links und Pinnwandeinträge eingerichtet und sollten auch regelmäßig aktualisiert werden. Hierbei unterstützen und leiten die Hilfsvermerke an, die zu jeder möglichen Einstellung einen Hinweis zur Vorgehensweise anbieten.

2.5.1. Exemplarisches Vorgehen

In den meisten Feldern sind die Angaben einfach zu erstellen (**Adresse, Öffnungszeiten, Unternehmensübersicht**). Durch das Eintragen der Adresse entsteht automatisch eine *bing*[33]-Karte, in der der Standort des Archivs verzeichnet wird.

Unter dem Punkt **„Beschreibung"** können Angaben wie „Aushebezeiten zu jeder vollen Stunde", „Bei umfangreichen Recherchen wird um vorherige Terminabsprache gebeten" o.ä. vermerkt werden; hierfür steht ein Eingabefeld zur Verfügung, in dem weitere Angaben gemacht werden können.

Ein aussagekräftiges **Titelbild – das immer auf der eigenen Seite erscheint** – sollte als Hingucker eingefügt werden. Allerdings sollte darauf geachtet werden, dass das Titelbild nicht mit dem **Profilbild** verwechselt werden kann, **das bei jeder späteren Aktivität zu sehen** ist; dieses erscheint immer neben dem Namen, wenn auf anderen Accounts Kommentare abgegeben, Pinnwandeinträge erstellt oder Fotos hochgeladen werden. Daher ist es sinnvoll, ein nicht zu kleinteiliges Bild zu verwenden, das auch in kleiner Darstellung noch eindeutig zu erkennen ist.

---

[33] bing: Internet-Suchmaschine von Microsoft, Pendant zu „Google Maps".

Das Titelbild kann in seiner ganzen Größe genutzt werden. Hier ist es jeder Einrichtung selbst überlassen, was sie dort zeigen möchte. Möglich ist auch, das Titelbild regelmäßig (z.B. mit historischen Fotos) zu wechseln, so dass schon diese Bilderfolge ein Hingucker der Seite werden kann und sich Nutzer finden, die allein wegen der Aufnahmen die Seite besuchen.

Es kann natürlich auch ein bereits bestehendes Design genutzt werden, möglicherweise das **Corporate Design** zum Beispiel eines Archivträgers, das auf der *Facebook*-Seite verwendet wird.

Die Wahl des Bildes ist deshalb bedeutsam, da es das erste ist, was von Nutzern beim Aufruf der Seite wahrgenommen wird – daher sollte ein charakteristisches Merkmal zum Wiedererkennen enthalten sein.

Nun ist es notwendig, die Seite interaktiv, also zur *Facebook-Seite* werden zu lassen: sie soll sehen und gesehen werden, kommunizieren und kommuniziert werden.

So sind zur Vernetzung zum einen „**Fans**" zu gewinnen, zum anderen müssen **Verbindungen mit anderen *Facebook*-Seiten** von Museen, Archiven usw. eingegangen werden. Um die Transparenz zu wahren und gleichzeitig für ein lebendiges Auftreten zu sorgen, sollte sich die gesamte Kommunikation öffentlich, d.h. über Pinnwandeinträge und Kommentare abspielen.

Um viele Fans für die Seite zu gewinnen, muss zunächst **die Präsenz** kommuniziert werden. Ein entsprechender Schritt wird automatisch von Suchmaschinen wie *Yahoo, bing* oder *Google*[34] übernommen: Recherchiert man hier nach der Kultureinrichtung, erscheint sie mindestens an zweiter Stelle in dem *Facebook*-Account, mit dem sich der Nutzer mit einem Klick verbinden kann.

Ein großer Teil der Werbung ist hiermit schon erfolgt, „googeln" doch die meisten Nutzer im Internet nach Adresse, Telefon und Öffnungs-

---

[34] Dies sind die drei größten Internet-Suchmaschinen.

zeiten des Archivs, um dann Kontakt aufzunehmen. Über entsprechende Hinweise und Links auf der Homepage, im Blog, auf Flyern und auch in Mailsignaturen können Interessierte der Einrichtung auf die *Facebook*-Seite aufmerksam gemacht werden.

Eine weitere verbreitete Möglichkeit ist das Anschreiben von „Freunden" über private *Facebook*-Personen-Accounts von Mitarbeitern. Ihnen kann die Seite empfohlen und sie können zu Veranstaltungen eingeladen werden.

Dadurch, dass bei allen Usern/Benutzern, die das „gefällt mir" für die Seite der Einrichtung angeklickt haben, diese Aktion auf der eigenen Pinnwand vermerkt wird, kann wiederum bei deren Freunden ein Interesse für die Seite geweckt werden – der **Schneeballeffekt** tritt ein.

Das **Verlinken** mit Accounts anderer Archive und Kultureinrichtungen ist einfach und kann direkt vom Administrator der Seite unternommen werden. Um sich z.B. mit dem Account des *VdA – Verband deutscher Archivarinnen und Archivare e.V.* zu verbinden, muss dazu lediglich die Seite aufgerufen und „gefällt mir" angeklickt werden. Neue Pinnwandeinträge und sonstige Veränderungen der Seite erscheinen von nun an unter Neuigkeiten.

Zumindest wegen der **„Netiquette"** (der Höflichkeit im Netz) sollte eine gegenseitige „gefällt mir"-Verbindung eingegangen werden, um dem Gegenüber gegebenenfalls das eigene Interesse zu bekunden, vor allem aber um die eigene **„Fanzahl"** zu **erhöhen**. Dies ist im Umgang mit Social Media ein wichtiger, nicht zu unterschätzender Faktor, denn solche Werte geben Aufschluss über die Akzeptanz des Angebots bzw der Seite. Zur statistischen Auswertung dieser Daten bietet *Facebook* weitere Möglichkeiten an (siehe Kapitel 7).

Um die **Kommunikation mit Fans** bzw. verbundenen Organisationen aufrecht zu erhalten, sollte in regelmäßigen Abständen **„gepostet"** werden: Über die Pinnwand werden zum Beispiel aktuelle Informationen – wie fertig erschlossene und zur Nutzung bereit stehende Bestände – vermittelt, Fotos einer Urkunde zu Transkriptionsübungen eingestellt oder Links zu thematisch interessanten Fundstellen in das Internet gesetzt

Ist ein „Tag der offenen Tür", eine Archivführung o.ä. geplant, kann über den Account eine Einladung erstellt und an die Fans verschickt werden. Diese haben dann die Möglichkeit, nähere Informationen zur Veranstaltung zu erhalten, oder durch „zusagen", „absagen" oder „vielleicht" direkt darauf zu antworten.

Durch diese interaktiven Einbindungen kann ein „Gespräch" mit den Nutzern aufgebaut werden. So kann zu Fotos ein reger Austausch entstehen: zum Beispiel über den Ort der Aufnahme, vielleicht über die Läden, die auf dem Foto nicht mehr zu sehen sind, über einen Sonnenschirm, der einem Café zugeordnet werden kann oder den Metzger, der an einer Straßenecke steht. So ergibt sich – zusätzlich zur Bindung der interessierten Leser und Betrachter – ein weiterer hilfreicher Effekt: Fotos können von ortskundigen Personen und Zeitzeugen identifiziert und auch detailliert verzeichnet werden.

Dieser Nutzen, die sogenannte **Schwarmintelligenz („Crowdsourcing")** kommt derzeit beispielsweise dem Projekt „Von Zeit zu Zeit"[35] zustatten. Die namensgleiche Redaktion der Stuttgarter Zeitung richtet sich an die Stuttgarter Bevölkerung und ruft diese zu Einsendungen oder eigenem Einstellen von privaten Fotos auf, die das öffentliche und private Leben in und um Stuttgart dokumentieren:

„Besonders interessant sind Dokumente, die einen zeithistorischen Bezug haben – das kann auch der heimische Weihnachtsbaum im Jahr 1946 sein, die Trachtenkapelle in den 70ern oder der Discoabend in der Boa".[36]

---

[35] http://www.von-zeit-zu-zeit.de/index.php – Abruf 09.02.2013

[36] http://www.von-zeit-zu-zeit.de/index.php?template=artikel&article_id=42#WasIstVonZeitZuZeit „Welche Fotos . und Texte kann ich einstellen?" – Abruf 09.02.2013

Die Einsender oder andere Nutzer können hier Erfahrungen, Berichte oder vorerst auch nur formale Angaben zu Aufnahmen machen, um sie zeitlich, örtlich oder auch inhaltlich einzuordnen. Auf diese Weise entsteht ein riesiger Fundus, der weit über die Sammlung eines Einzelnen und auch des bestehenden Archivs hinausgeht; dazu bieten die erläuternden Angaben eine nahezu sichere Quelle zu dem, was auf den Fotos zu sehen ist.

Dieses Beispiel für **Crowdsourcing** kann, wenn auch in kleinerem Rahmen, auf der eigenen *Facebook*-Seite umgesetzt werden. Bei einer solchen Aktion sollte aber unbedingt die **Wahrung der Rechte** des Fotografen **(Urheberrecht)** und der abgebildeten Personen **(Recht am eigenen Bild)** berücksichtigt werden. Dieser Aspekt wird im Kapitel 4 ausführlich behandelt.

Um die aktive Teilnahme der Anhänger anzuregen, bietet *Facebook* ebenfalls die Möglichkeit einer **Umfrage**, in der zum Beispiel ein Mitspracherecht über das Thema der nächsten Ausstellung, über die Wahl eines Referenten oder auch zu einem Gewinnspiel ermöglicht wird. Dazu können Fragen an die Fans gestellt werden, zu denen verschiedene Antworten möglich sind. Aufgrund der ermittelten absoluten Zahlen oder der Prozentzahlen können daraufhin die Teilnehmermenge und ihre Entscheidungen aufgezeigt werden.

Damit entsprechende Aktivitäten verfolgt werden können, stellt *Facebook* eine **Statistikfunktion** zur Verfügung, anhand der detaillierte Aussagen über die beiden Bereiche „Nutzer" und „Interaktion" möglich sind. Ab einer Anzahl von 30 Fans werden Seitenaufrufe, Kommentare, „gefällt mir"- und „gefällt mir nicht mehr"-Klicks und weitere Daten gezählt, die in verschiedenen Diagrammen sichtbar gemacht werden können. Der Seitenadministrator hat die Möglichkeit zu analysieren, welche Beiträge zu welchem Thema bei den Nutzern gut ankommen und welche Aktionen deshalb wiederholt werden sollten.

Zusätzlich ermöglicht die Statistik eine Information über die Besucher der Seite: Es werden – soweit sie im Account des Besuchers vermerkt worden sind – Geschlecht, Alter, Herkunftsland und -stadt und die Sprache gelistet und in Diagrammen wiedergegeben. Wenn dadurch deutlich wird, dass die meisten Nutzer/Leser aus der eigenen Stadt kommen, kann man einerseits speziell auf stadtinterne Themen eingehen und diese ausführen; zum anderen können Versuche gestartet werden, interessierte Leser von außerhalb mit weitergreifenden Nachrichten oder Bezügen zu gewinnen.

3. Hinweise auf technische Basics

Um die Nutzungsmöglichkeiten der Social Media-Elemente optimal auszuschöpfen, ist technisches Fachwissen in nur geringem Ausmaß erforderlich – einige Kenntnisse zum Einstellen von Fotos und Videos vereinfachen jedoch das Vorgehen und werden im Folgenden kurz erläutert.

3.1 Dateiformate für Bilder

Die gängigsten Dateiformate für Bilder sind

- **tiff** oder **tif** (**T**agged **I**mage **F**ile **F**ormat),

- **gif** (**G**raphics **I**nterchange **F**ormat),

- **jpeg** oder **jpg** (**J**oint **P**hotographics **E**xperts **G**roup),

- **bmp** (Windows **Bit**ma**p**) und

- **png** (**P**ortable **N**etwork **G**raphics).

Die Bildformate unterscheiden sich hinsichtlich ihrer Speichergröße, der Farbwiedergabe und der Komprimierungsmöglichkeit (Verkleinerung der Datei zum späteren „öffnen"):

Das **tif-Format** gibt eine hohe Farbtiefe wieder und bietet eine verlustfreie Speicherung, dadurch ist die Dateigröße eines Fotos jedoch immer sehr hoch.

Fotos im **gif-Forma**t haben eine geringe Farbtiefe und somit eine kleine Speichergröße, sie eignen sich daher nur für oberflächliche Ansichten eines Fotos, z.B. für Vorschauen per E-Mail-Austausch.

png-Dateien sind im alltäglichen Umgang mit Fotos selten, auf Webseiten allerdings häufig vertreten, da sie durch ihre guten Komprimierungsfähigkeiten leicht zu verarbeiten sind.

Im Umgang mit Fotos ist das **jpg-Format** am weitesten verbreitet, da es eine gute Farbtiefe und Komprimierungsrate bietet und die Dateigröße trotz des guten Ergebnisses relativ klein ist.

bmp-Formate besitzen eine hohe Farbtiefe und erreichen daher schnell hohe Speichergrößen.

3.2 Dateiformate für Videos

Für die **Wiedergabe von Videos** wird üblicherweise eines der folgenden Formate genutzt[37]:

- **wmv** (Windows Media Video),

- **mpg, mpg4** (Moving Pictures Experts Group MPEG I, II und VI),

- **avi** (Audio Video Interleaved) und

- **mov** (Movie).

Sie bieten folgende Vor- und Nachteile:

Das **wmv-Format** ist von Microsoft für Windows-Betriebssysteme programmiert, erfordert nur wenig Speicherplatz und bietet bei einer niedrigen Komprimierungsfehlerrate eine gute Qualität.

Die **mpg-Formate** I, II und VI entstammen einer Programmiergruppe und steigern sich in ihren Fähigkeiten. So bietet mpg4 eine verlustfreie Komprimierung, benötigt nur einen geringen Speicherplatz und bie-

---

[37] http://lehrerfortbildung-bw.de/werkstatt/video/formate/ – Abruf 12.02.2013

tet dennoch eine hohe Farbtiefe. Diese Qualität erfordert allerdings eine große Datenmenge und einen hohen Arbeitsspeicher.

Das **avi-Format** ist das gängigste in der Videonutzung und ist ebenfalls von Microsoft programmiert. Üblicherweise zeichnen auch Digitalkameras Videos in diesem Format auf und nahezu jeder DVD-Player kann sie abspielen. Der hohe Speicherbedarf ist ein Nachteil dieses Formats: Es beträgt ca. die 20fache Größe im Vergleich zu anderen Formaten.

Das **mov-Format** stammt von Apple und ist mit den Charakteristika der mpg-Formate zu vergleichen, es wird jedoch eher in der professionellen Videoherstellung genutzt.

Die folgende Übersicht soll die mögliche Nutzung der verschiedenen Formate in den Social Media-Elementen verdeutlichen:

Social Media	Nutzbare Fotoformate	Nutzbare Videoformate
Blog	Je nach Anbieter unterschiedlich, empfohlen wird aber immer jpg oder gif	Je nach Anbieter unterschiedlich, einfacher ist es jedoch, das Video bei *YouTube* hochzuladen und in den Blog(beitrag) einzubinden; das ist bei den gängigen Bloganbietern Standard.
Facebook[38] [39]	• jpg • bmp • png	• 3g2 (Mobile Video) • 3gp (Mobile Video) • 3gpp (Mobile Video)

---

[38] https://www.Facebook.com/help/photos/upload-photos-and-profile-pictures – Abruf 10.02.2013

[39] https://www.Facebook.com/help/?faq=218673814818907 – Abruf 10.02.2013

Social Media	Nutzbare Fotoformate	Nutzbare Videoformate
Facebook	• gif • tif	• asf (Windows Media Video) • avi (AVI Video) • dat (MPEG Video) • divx (DIVX Video) • dv (DV Video) • f4v (Flash Video) • lv (Flash Video) • fm2ts (M2TS Video) • m4v (MPEG-4 Video) • mkv (Matroska Format) • mod (MOD Video) • mov (QuickTime Movie) • mp4 (MPEG-4 Video) • mpe (MPEG Video) • mpeg (MPEG Video) • mpeg4 (MPEG-4 Video) • mpg (MPEG Video) • mts (AVCHD Video) • nsv (Nullsoft Video) • ogm (Ogg Media Format) • ogv (Ogg Video Format) • qt (QuickTime Movie) • tod (TOD Video) • ts (MPEG Transport Stream) • vob (DVD Video) • wmv (Windows Media Video)

Social Media	Nutzbare Fotoformate	Nutzbare Videoformate
Twitter[40]	• Twitpic • *Flickr* • Yfrog • Twitgoo • Plixi	• *YouTube* • *Vimeo* • Twiddeo • Ustream • Justin.tv • Twitlens
YouTube	–	• mpg • wmv • mov
Flickr[41]	• jpg • gif • png • tif • diverse	• avi • wmv • mov • mpg 1, 2 und 4 • 3gp • M2TS • OGG • OGV

Auch die Anbieter von Blogs, von Foto- oder Videoplattformen setzen häufig eine **Uploadbegrenzung** ein, um die benötigten Speichergrößen kontrollieren zu können: *Flickr*[42] z.B. erlaubt ein monatliches Einstellen von Fotos bis 300 Megabyte und zwei Videos pro Monat, bei *YouTube* sind es zeitlich unbegrenzt 2 Gigabyte.

---

[40] Es ist ratsam, Videos zuerst auf eine der genannten Plattformen zu laden und dann über einen Tweet einen Link dorthin zu senden. Über den Anbieter ‚vine‘ können Nutzer direkt sechssekündige Videos aufnehmen und über ihr Twitter-Profil versenden, siehe http://www.spiegel.de/netzwelt/web/vine-twitter-startet-video-app-a-879602.html – Abruf 28.8.2013

[41] http://www.Flickr.com/help/video/ – Abruf 10.02.2013

[42] http://www.Flickr.com/help/limits/ – Abruf 10.02.2013

4. Rechtsgrundlagen für die Nutzung von Social Media

In diesem Kapitel wird auf die unterschiedlichen rechtlichen Bedingungen hingewiesen, die bei der Nutzung von Social Media berücksichtigt werden müssen und die auch die juristische Tragweite eines solchen Projekts deutlich machen.

4.1. Urheberrecht mit Nutzungs- und Verwertungsrechten

Besondere Beachtung findet hier zunächst **das Urheberrecht** und insbesondere die darin befindlichen **Nutzungs- und Verwertungsrechte** – dazu folgen Beispiele aus dem Bereich der Archive und Bibliotheken.

Für die Regelung vieler grundlegender Fragestellungen ist **das Urheberrecht** zuständig, das

- „den Urheber in seinen geistigen und persönlichen Beziehungen zum Werk und in der Nutzung des Werkes"[43] schützt. Der „Urheber ist der Schöpfer eines Werkes"[44], zum Beispiel der Fotograf eines Fotos. „Werke im Sinne dieses Gesetzes sind nur persönliche geistige Schöpfungen"[45] wie Reden, Sprachwerke, Werke der Musik oder Lichtbildwerke (Fotos).

Das Urheberrecht endet 70 Jahre nach dem Tod des Urhebers, während dieser Zeit sind die Erben um die Erlaubnis zur Verwertung der Werke zu fragen.

---

[43] §11 Urheberrecht http://www.gesetze-im-internet.de/urhg/ – Abruf 22.07.2013
[44] §7, ebd.
[45] §2, ebd.

Das **Urheberpersönlichkeitsrecht** kann, im Gegensatz zu den Verwertungsrechten (s.u.), nicht an andere Personen (außer die Erben) oder Einrichtungen abgegeben werden.

4.2 Nutzungs- und Verwertungsrechte

Die generelle **Erlaubnis zur Verwendung** beispielsweise **eines Fotos** muss durch den Urheber eines Werkes oder seine Erben geschehen. Hierbei ist zu beachten, dass verschiedene **Verwertungsrechte** erteilt werden können, die den Gebrauch eines Werkes einschränken können.

Folgende **Verwertungsrechte** müssen beachtet werden:

* §16 UrhG: **Vervielfältigung**.

  Hiermit wird bestimmt, ob das Werk vervielfältigt werden darf, ungeachtet der Anzahl, der Dauerhaftigkeit der Kopie und des Kopierverfahrens. Auch der Medienwechsel, also z.B. das Abfotografieren oder Digitalisieren eines Textes, fällt unter Vervielfältigung.

* §19a UrhG: **Recht der öffentlichen Zugänglichmachung**.

  Dieses Recht bezieht sich speziell auf die Nutzung von Werken im Internet: „Das Recht der öffentlichen Zugänglichmachung ist das Recht, das Werk drahtgebunden oder drahtlos der Öffentlichkeit in einer Weise zugänglich zu machen, dass es Mitgliedern der Öffentlichkeit von Orten und zu Zeiten ihrer Wahl zugänglich ist."

  Hierbei wird vom Urheber entschieden, ob sein Werk in digitaler Form im Internet erscheinen darf und somit über jede mögliche Verbindung (drahtgebunden bzw. drahtlos) und zu jeder Zeit an jedem Ort zugänglich gemacht wird. Ob das Werk von seinem Ort heruntergeladen, per Screenshot gespeichert oder anders genutzt werden darf, wird nicht geregelt; das wiederum fällt in die Zuständigkeit des Paragraphen 16 (siehe oben).

- §23 UrhG: **Bearbeitung und Umgestaltung**.

  Die Veränderung eines Werkes kann vom Urheber nicht verboten werden. Erst über die Veröffentlichung und Verwertung des umgestalteten Werkes kann der Urheber verfügen.

4.2.1 Nutzungsrecht von Bildern – mit Abbildung von Personen

Sind ein oder mehrere Personen auf dem zu veröffentlichenden Foto abgebildet, haben diese ein **Recht am eigenen Bild**. Dieses ist „verankert im **Kunsturheberrechtsgesetz**[46] und schützt die Person/en vor der Veröffentlichung der Aufnahme, solange die Einwilligung dazu nicht vorliegt. Eine Entlohnung der abgebildeten Person/en ist in diesem Fall als Einwilligung zu sehen. Nach dem Tod geht das „Recht am eigenen Bild" auf die Angehörigen des Abgebildeten über.[47]

Folgende Ausnahmen, aufgeführt in §23 des Kunsturhebergesetzes, gibt es zum „Recht am eigenen Bild":

- **Bildnisse aus dem Bereiche der Zeitgeschichte**.

  Personen, die im öffentlichen Leben stehen bzw. zu einem aktuellen Ereignis aus dem kulturellen, sportlichen, sozialen, politischen und/oder wirtschaftlichen Bereich in der Öffentlichkeit auftreten, dürfen ungefragt auf einem Foto veröffentlicht werden. Neben Prominenten dürfen auch „normale" Personen abgebildet werden, solange sie im Zusammenhang mit einem für

---

[46] http://www.gesetze-im-internet.de/kunsturhg/index.html – Abruf 15.8.2013

[47] Kunsturhebergesetz: § 22: Bildnisse dürfen nur mit Einwilligung des Abgebildeten verbreitet oder öffentlich zur Schau gestellt werden. Die Einwilligung gilt im Zweifel als erteilt, wenn der Abgebildete dafür, dass er sich abbilden ließ, eine Entlohnung erhielt. Nach dem Tode des Abgebildeten bedarf es bis zum Ablaufe von 10 Jahren der Einwilligung der Angehörigen des Abgebildeten. Angehörige im Sinne dieses Gesetzes sind der überlebende Ehegatte oder Lebenspartner und die Kinder des Abgebildeten und, wenn weder ein Ehegatte oder Lebenspartner noch Kinder vorhanden sind, die Eltern des Abgebildeten.

die Öffentlichkeit interessanten Ereignis auftreten, z.B. vor einer Gerichtsverhandlung. Beide Gruppen dürfen allerdings nur im Rahmen dieses Ereignisses abgebildet werden, spätere Aufnahmen in anderen Zusammenhängen sind nicht erlaubt.

- **Bilder, auf denen die Personen nur als Beiwerk neben einer Landschaft oder sonstigen Örtlichkeiten er-scheinen**.

Wenn der abgebildete Ort eindeutig als Motiv für die Aufnahme gedacht war, sind darauf zu erkennende Personen, unabhängig ihrer Anzahl, als Beiwerk zu behandeln. „Würde sich der Charakter des Bildes ändern, wenn die Person nicht auf dem Bild wäre?[48]" ist ein Kriterium, nach dem ein Foto mit abgebildeten Personen beurteilt werden kann.

- **Bilder von Versammlungen, Aufzügen und ähnlichen Vorgängen, an denen die dargestellten Personen teilgenommen haben**.

Personen, die an einer öffentlichen Veranstaltung teilnehmen, dürfen ebenfalls ohne ihre Einwilligung abgebildet werden. Eine solche öffentliche Veranstaltung muss theoretisch für jeden ohne besondere Erlaubnis oder Einladung zugänglich sein, auch wenn ein Eintrittsgeld verlangt wird, z.B. in Fußballstadien. Die Intention der Veranstaltung muss darin liegen, dass die versammelten Personen gemeinsam aktiv werden, z.B. ein Konzert anhören. Redner auf einer Demonstration fallen somit unter diese Ausnahme; sie sind während ihrer Rede von Interesse für die Öffentlichkeit.

Eine Ansammlung von mehreren Personen während einer Busfahrt gilt dagegen nicht als öffentliche Veranstaltung. Findet ein Event in geschlossenen Räumen oder auf einem Privatgelände statt, muss für die kommerzielle Nutzung eines Fotos die Erlaubnis des Veranstalters vorliegen. Einzelne Personen der Gruppe

---

[48] Thomas Schwenke: Social Media-Marketing und Recht

dürfen durch die Fotografie nicht herausgehoben werden, es sei denn, sie tun es selbst.

- **Bildnisse, die nicht auf Bestellung angefertigt sind, sofern die Verbreitung oder Schaustellung einem höheren Interesse der Kunst dient.**

Diese Ausnahme findet nur selten Verwendung, da ihre Anwendung in der Praxis stark eingeschränkt ist. Sie besagt, dass Künstler Fotografien von Personen öffentlich zur Schau stellen dürfen, sobald diese Abbildung als Kunstwerk zu erkennen ist. Wegen dieser unklaren Definition und der Schwierigkeit ihrer Umsetzung erhalten Kläger (abgebildete Person) bei Gerichtsprozessen häufig Recht. Dementsprechend selten wird diese Regelung angewendet.

4.2.2 Beispiele aus der Praxis

Eine gern genutzte Möglichkeit zur gestalterischen Aufwertung einer digitalen Präsenz ist das Einstellen von Bildern – sei es, um das Design einer Seite aufzulockern, spannende Bilder als „Lockmittel" für das Archiv zu nutzen oder – durch verschiedene multimediale Inhalte – die Seite auf der sozialen Plattform dauerhaft interessant zu gestalten, damit „Fans" gebunden werden können.

Ein Archiv möchte auf der Webseite ein Foto veröffentlichen – das Foto ist beispielsweise eine Abbildung einer Skulptur, die in einem öffentlich zugänglichen Park installiert ist.

Laut Gesetz dürfen diese (Kunst-)Werke fotografiert und auch in die digitale Präsenz des örtlichen Archivs eingepflegt werden, denn das Urheberrecht besagt dazu in §59:

„Werke an öffentlichen Plätzen: Zulässig ist, Werke, die sich bleibend an öffentlichen Wegen, Straßen oder Plätzen befinden, mit Mitteln der Malerei oder Graphik, durch Lichtbild oder durch Film zu vervielfältigen, zu verbreiten und öffentlich wiederzugeben. Bei Bauwerken erstrecken sich diese Befugnisse nur auf die äußere Ansicht. (...)."

Auf diese sog. **Panoramafreiheit** beziehen sich übrigens Unternehmen wie *Google* bei ihren Diensten wie *Google Earth* oder *Google Street View*.

Wird jedoch die Skulptur eines Künstlers in einem privaten Umfeld ausgestellt, d.h. sie ist nicht unbegrenzt öffentlich zugänglich[49], müssen die Verwertungsrechte des Urhebers beachtet werden. Somit betrifft die Fotografie der Skulptur bereits das Vervielfältigungsrecht. Grundsätzlich ist ebenfalls zu beachten, dass auch die Fotografie eines Werkes bereits ein neues Werk sein kann und entsprechend zu behandeln ist.

So muss also zunächst geklärt werden, ob die **Erlaubnis vom Fotografen vorliegt**, das Bild zu veröffentlichen. Ebenfalls sollte klar sein, ob und gegebenenfalls welche **Verwertungsrechte** der Fotograf anderen eingeräumt hat.

- Die Gesetze und Regelungen einschließlich ihrer Ausnahmeregelungen sind für die Verwendung von Bildern und Fotos in Social Media-Elementen von großer Bedeutung. Sie erfordern einige Überlegungen, die im Vorfeld z.B. einer Fotoveröffentlichung angestellt werden müssen: Wer ist der Fotograf?

- Ist die Einwilligung für die unterschiedlichen Verwertungsarten vorhanden?

- Darf das Foto veröffentlicht und vielleicht sogar verändert werden?

- Ist neben dem Urheber des Fotos auch der Urheber des abgebildeten Werkes (in Abstimmung zu den gegebenen Voraussetzungen) zur Veröffentlichung gefragt worden?

---

[49] Philipp Möhring, Käte Nicolini: UrhG, Urheberrechtsgesetz

- Sind auf dem Foto Personen zu sehen, deren Erlaubnis zur Veröffentlichung erforderlich ist und vorliegt?

- Fordern die Betroffenen (Fotograf, abgebildete Personen, Urheber des abgebildeten Motivs) eine Namensnennung oder möchten sie lieber anonym bleiben?

Der Kontakt zum Rechteinhaber sollte entsprechend hergestellt werden.

So einfach – technisch gesehen – das Einstellen eines Bildes in *Facebook* oder *Twitter* ist, so umfangreich sind die rechtlichen Vorgaben, die dabei beachtet werden müssen. Bevor ein bestimmtes Bild genutzt wird, muss geklärt werden, ob

- das **Motiv des Bildes** eine Erlaubnis erfordert?

- die **Veröffentlichung des Motivs die Zustimmung Dritter** bedarf?

Neben der rechtlichen Prüfung vor dem Einstellen von Fotos mit abgebildeten Personen sollte auch immer die abgebildete Situation dahingehend bewertet werden, ob mit einem Widerspruch überhaupt zu rechnen ist:

Von Kirmesbesuchern, die in den 1960er Jahren während einer Karussellfahrt erkennbar fotografiert wurden, ist selten ein Widerspruch gegen die Veröffentlichung des Fotos zu erwarten, obwohl ihre Rechte hier unter Umständen verletzt würden.

Auf die Veröffentlichung des Fotos einer ortsansässigen Person während ihrer politischen Funktion in der NS-Zeit sollte jedoch verzichtet werden, obwohl gerade die Veröffentlichung dieser Aufnahme durch die Regelungen „zum Umgang mit Personen der Zeitgeschichte" abgedeckt sein könnte. Ein Abwägen der gesetzlichen Rechte gegenüber möglichen Folgewirkungen ist daher sinnvoll.

Der Umgang mit diesen unterschiedlichen rechtlichen Forderungen ist nicht immer einfach und eindeutig, oft liegen die Entscheidungen in Grauzonen. In Zweifelsfällen muss von der Nutzung eines Fotos abgesehen werden, auch wenn es aussagekräftig zum angestrebten Thema passt.

Hinweis:
Archive und Bibliotheken sollten **die Verwertungsrechte** eines Fotobestandes wenn möglich direkt *bei der Übernahme in die Einrichtung durch den Urheber bzw. seine Erben schriftlich regeln*, um spätere Konflikte zu verhindern.

4.3 Nutzung von Videos

Grundsätzlich ist der Umgang mit Videos, im Urheberrecht „Filmwerke", wie der mit Bildern zu behandeln; zur legalen Verwertung müssen **das Recht am Video** und **die Rechte an den Motiven und,** falls vorhanden, **der Musik** geklärt und entsprechende Zustimmungen durch den/die Urheber bzw. die abgebildeten Personen eingeholt werden.

Differenziert ist das **Erlöschen des Urheberrechts** zu betrachten: Nach § 65 des Urhebergesetzes erlischt das Urheberrecht siebzig Jahre „nach dem Tod des Längstlebenden der folgenden Personen: Hauptregisseur, Urheber des Drehbuchs, Urheber der Dialoge, Komponist der für das betreffende Filmwerk komponierten Musik". Zur Veröffentlichung eines Videos müssen somit meist wesentlich mehr Personen ihre Einwilligung geben als bei einer Fotografie.

4.4 Nutzung von Texten

Damit eine Seite sowohl informativ ist als auch gut anzusehen, können **Texte, „Sprachwerke",** einbezogen werden. **Sprachwerke sind laut Urhebergesetz §2 geschützte Werke.** Dies bezieht sich allerdings nur auf den persönlich und individuell gestalteten Wortlaut des Textes und nicht auf die enthaltenen Fakten. Eine sog. **„Schöpfungs-**

höhe" muss bei der Anerkennung eines Textes als Werk vorliegen und wird durch ein gewisses, jedoch undefiniertes Maß an Originalität und Individualität gegeben.

In der folgenden Tabelle finden sich Angaben zu verschiedenen Textarten und deren urheberrechtlichen Schutz.[50]

Amtliche Werke	„§ 5 Amtliche Werke: (1) Gesetze, Verordnungen, amtliche Erlasse und Bekanntmachungen sowie Entscheidungen und amtlich verfasste Leitsätze zu Entscheidungen **genießen keinen urheberrechtlichen Schutz.**" **Aber**: Zu beachten ist, dass es sich bei der Ausschließung aus dem Urhebergesetz um die originalen Texte handelt; durch andere Personen veränderte Versionen unterliegen nicht der freien Nutzung.
Abstracts	Abstracts wie die Zusammenfassung eines Gesetzestextes oder eines Buches sind individuell geschrieben und beinhalten oft die persönliche Meinung des Autors. Dabei wird eine Schöpfungshöhe erreicht, **somit fällt diese Textart unter das Urhebergesetz.**
Erzählungen, Gedichte, Liedtexte	Bei diesen Arten von Textgattungen ist stets ein individueller Stil und somit eine Schöpfungshöhe zu erwarten. **Selbst kürzeste Gedichte und Refrains unterliegen dem Urheberrechtsgesetz.**

---

[50] Die Zusammenstellung erfolgte überwiegend auf der Grundlage von Thomas Schwenke: Social Media-Marketing und Recht, S. 143–154.

Interviews	Beinhaltet das Interview persönliche Details in den Fragestellungen bzw. in den Antworten, ist diese Art von Text **urheberrechtlich geschützt**. **Aber**: Banale Fragen, die kurz und allgemein beantwortet werden, fallen nicht unter diesen Schutz.
Journalistische Artikel	Journalisten haben bei der Abfassung von Artikeln sprachlichen Spielraum, der kreativ durch den Autor entwickelt und durch Sprachelemente und eigene Meinung individualisiert wurde. **Hier ist das Urheberrechtsgesetz zu beachten**.
Dargebotene Texte wie Podcasts, Radiomitschnitte, Hörbücher	Die Textgattung entscheidet über den Schutz durch das Urhebergesetz. Hierbei ist allerdings zu beachten, dass die vortragende Person als Künstler definiert wird und somit Rechte besitzt (s. UrhG §73 f.).
Präsentationen	Selbst wenn eine Präsentation nur eine Auflistung von Fakten enthält, ist sie durch ihre komplette Gestaltung und die Auswahl der Reihenfolge persönlich gestaltet worden und somit **durch das Urheberrechtsgesetz geschützt**.
Blogbeiträge	Blogbeiträge sind dann **urheberrechtlich** geschützt, wenn sie, wie alle anderen Textarten, eine Schöpfungshöhe erreicht haben. **Aber**: Einfache Sätze wie „Heute scheint endlich die Sonne" fallen nicht unter dieses Kriterium.

Wie in der Darstellung zu sehen ist, werden die meisten Textarten als Werke angesehen und unterliegen somit dem Urheberrechtsgesetz. Der Administrator einer Internetseite sollte sich also um einen legalen Umgang mit fremden Werken und einen hohen Nutzungsanteil von (Einrichtungs-)eigenen Werken auf der digitalen Präsenz bemühen. Auch dadurch wird beim Leser ein authentischer Eindruck der Seite erreicht und die Kultureinrichtung, gerade ein Archiv, ist in ihrer Einzigartigkeit erkennbar.

Für den Urheber eines Textes ist es im Übrigen heute mittels spezieller Software mit geringem Aufwand möglich, seinen Text – oder Ausschnitte daraus – im Internet und auch in sozialen Plattformen zu finden, um im zweiten Schritt gegen den verantwortlichen Einsteller vorzugehen.

4.5 Verwendung von E-Mails

Nicht durch das Urheberrecht, aber dennoch gesetzlich geschützt ist **die Verwendung von privaten Nachrichten und E-Mails**. Zur öffentlichen Beantwortung oder Weiterleitung bietet es sich an, Ausschnitte oder die ganze Nachricht zu kopieren und in den neuen Text einzufügen. Diese Handhabung ist allerdings nur unter bestimmten Voraussetzungen zulässig:

- Die **Intimsphäre** eines Menschen darf nicht verletzt werden. Nachrichten mit persönlichem Inhalt, die auf eine bestimmte Person zurückzuführen sind, dürfen nicht veröffentlicht werden. Das Persönlichkeitsrecht muss beachtet werden.

- Im Geschäftsbereich dürfen **interne Informationen** über das Unternehmen, Verhandlungen zwischen Vertragspartnern oder Vereinbarungen zwischen Arbeitgebern und Arbeitnehmern nicht in die Öffentlichkeit getragen werden.

Das überwiegende **Interesse der Öffentlichkeit** am Inhalt der Nachricht muss gegeben sein. Der Autor einer E-Mail bzw. einer persönlichen Nachricht kann auf der Geheimhaltung bestehen, auch wenn der Text weder geschäftliche noch persönliche Themen beinhaltet. Die Entscheidung zwischen dem Recht des Verfassers und der Veröffentlichung der Nachricht ist meistens schwer zu treffen. Hier sind Argumente zur Herausgabe des Inhalts (der Absender plant eine Straftat, eine politische Fehlentscheidung führt zu Benachteiligung) gegen die Veröffentlichung (eine Person wird angeprangert, eine Firma hat Umsatzeinbußen zu befürchten) gegeneinander abzuwägen.

Werden auf sozialen Plattformen wie *Facebook* oder auch *Google+* persönliche Nachrichten mit einer vermeintlich allgemeinen Frage an die Kultureinrichtung geschickt, obwohl auch eine öffentliche Korrespondenz über die sog. Pinnwand möglich wäre, ist die Absicht des Autors zur Nichtveröffentlichung zu erkennen und zu respektieren. Wenn dieselbe Frage oder Problemstellung gehäuft in persönlichen Nachrichten gestellt wird, kann auf der jeweiligen Seite allgemein darauf und auf die entsprechende Antwort hingewiesen werden.

5. Weitere rechtliche Formalia für den digitalen Auftritt

5.1 Datenschutzerklärung

Grundsätzlich gilt, dass eine **Präsenz im Rahmen der Social Media eine Datenschutzerklärung** zur Verwendung der Nutzerdaten[51] **erfordert.**

Telemediengesetz §13: Der Diensteanbieter hat den Nutzer zu Beginn des Nutzungsvorgangs über Art, Umfang und Zwecke der Erhebung und Verwendung personenbezogener Daten (...) in allgemein verständlicher Form zu unterrichten.

Wird diese Datenschutzerklärung jedoch durch den Anbieter der Plattform übernommen, ist eine weitere Erklärung durch den Administrator nicht nötig. Bei Sonderformen der Datennutzung – wie zum Beispiel einem Gewinnspiel – muss eine zusätzliche Erklärung sowie die Zustimmung durch den Besucher vorhanden sein und bestätigt werden.

Anbieter wie *Twitter*, *YouTube* und *Facebook* fordern bereits bei der Anmeldung die Zustimmung zu einer solchen Datenschutzerklärung, ohne die der Nutzer keinen Account erhält.

Anders verhält es sich bei Blogs, unabhängig davon, ob sie auf dem eigenen Server oder bei einem Anbieter erstellt werden. Funktionen, Inhalt und Design eines Blogs können komplett selbständig vom Administrator bestimmt und nur in sehr geringem Maß vom Anbieter kontrolliert werden. Es gibt andere Plattformen, um die Accounts zu prüfen und sich selbst dagegen abzusichern, dass gesetzeswidrige Inhalte eingestellt und ausgetauscht werden können oder ein Daten-

---

[51] Nutzerdaten sind laut Telemediengesetz, §15: 1. Merkmale zur Identifikation des Nutzers, 2. Angaben über Beginn und Ende sowie des Umfangs der jeweiligen Nutzung und 3. Angaben über die vom Nutzer in Anspruch genommenen Telemedien.

missbrauch ermöglicht wird. Der **Betreiber eines Blogs** ist für den Schutz vor diesen Fehlhandlungen selbst verantwortlich und muss somit eine **Datenschutzerklärung innerhalb der digitalen Präsenz** einrichten.

Werden innerhalb einer Plattform eigenständig Daten erhoben und neben den üblichen Daten noch weitere Angaben über den Besucher der Seite gesammelt, z.B. in Form eines Gewinnspiels[52], muss hierfür zusätzlich eine darauf abgestimmte Erklärung vorhanden sein.

Wenn Social Media-Plattformen genutzt werden, die eigene Datenschutzerklärungen haben, ist unbedingt zu bedenken, dass diese (hier vorgestellten) für den **internationalen Gebrauch** bestimmt sind und der Anbieter nicht unbedingt dem deutschen Recht unterliegt. So halten deutsche Datenschützer die Erklärung über den Umgang mit den Daten der bei *Facebook* angemeldeten Nutzer für unzureichend. Eine eigene Erklärung kann diesen Missstand jedoch nicht aufheben. In diesem Fall sind „Hinweise in eigener Sache" an die Besucher des Accounts eine Möglichkeit, den Betreiber der *Facebook*-Seite und auch den Nutzer zu schützen.

Wenn eine Datenschutzerklärung erforderlich ist, muss sie vom Leser beim ersten Aufruf der Seite einfach zu finden sein. Die vom Telemediengesetz geforderte Einsicht in die Erklärung „zu Beginn des Nutzungsvorganges" ist in der Praxis nur schwer umzusetzen. Das Erscheinen eines Pop-up-Fensters zur Zustimmung der Erklärung unmittelbar nach dem Aufruf des Blogs, welche „auf den ersten Blick" zu finden ist, ist eine vom Gesetzgeber tolerierte Alternative.

Folgende Punkte müssen in einer Datenschutzerklärung berücksichtigt werden[53]:

---

[52] Für die Einbringung von Gewinnspielen innerhalb der Plattform hat *Facebook* eigene Anwendungsregeln, deren Ausführung hier zu weit führen würde. Weitere Informationen gibt es dazu auf: http://www.thomashutter.com/index. php/2011/05/Facebook-gewinnspiele-auf-Facebook-oder-das-spiel-mit-dem-feuer/ – Abruf 15.8.2013

[53] Thomas Schwenke: Social Media-Marketing und Recht

- Welche Daten werden in welchem Umfang für welchen Zweck gesammelt?

- Welche Cookies werden eingesetzt?

- Welche Dienste Dritter werden beansprucht und welche Daten werden dort ebenfalls gesammelt?

- Welche Daten werden an wen weitergeleitet?

- Welche Auskunfts- und Widerrufsrechte stehen dem Benutzer zu?

Je nach Umfang und Art der Präsenz und der tatsächlich gesammelten Nutzerdaten verändern sich die Inhalte der Datenschutzerklärung. Sie sollten an die Nutzungsbestimmung angepasst und regelmäßig auf ihre Aktualität überprüft werden.

5.2 Impressum

Um zu entscheiden, ob eine Kultureinrichtung der **Impressums-pflicht** unterliegt, müssen vorab folgende Fragen geklärt werden:

- Ist die Einrichtung ein **Dienstanbieter im Sinne des Teleme-diengesetzes**?

- Werden **Telemedien** genutzt?

- Welche Art der digitalen Präsenz oder sozialen Plattformen wird genutzt und wie wird sie genutzt?

Telemedien „sind alle elektronischen Informations- und Kommu-nikationsdienste[54]". Das **Telemediengesetz** „gilt für alle Anbieter einschließlich der öffentlichen Stellen unabhängig davon, ob für die

---

[54] http://www.gesetze-im-internet.de/tmg/__1.html – Abruf 28.8.2013

Nutzung ein Entgelt erhoben wird[55]". Und weiter: „Im Sinne dieses Gesetzes 1. ist Diensteanbieter jede natürliche oder juristische Person, die eigene oder fremde Telemedien zur Nutzung bereithält oder den Zugang zur Nutzung vermittelt; bei audiovisuellen Mediendiensten auf Abruf ist Diensteanbieter jede natürliche oder juristische Person, die die Auswahl und Gestaltung der angebotenen Inhalte wirksam kontrolliert, (...), 3. ist Nutzer jede natürliche oder juristische Person, die Telemedien nutzt, insbesondere um Informationen zu erlangen oder zugänglich zu machen, (...)[56]".

Hier heißt es also eindeutig, **dass Social Media-Elemente Telemedien sind** und **jede Kultureinrichtung folglich ein Diensteanbieter ist**, da sie Social Media für ihre Zwecke nutzt. Die Kultureinrichtung bearbeitet und pflegt die dargestellten Informationen inhaltlich und gestalterisch und grenzt sich somit von den übrigen Inhalten des Social Media-Elementes ab. Jede Kultureinrichtung ist aber gleichzeitig Diensteanbieter und Nutzer, da sie fremde Telemedien nutzt (Nutzer) und Informationen zugänglich macht (Diensteanbieter).

In §5 des Telemediengesetzes heißt es:

„Diensteanbieter haben für geschäftsmäßige, in der Regel gegen Entgelt angebotene Telemedien folgende Informationen leicht erkennbar, unmittelbar erreichbar und ständig verfügbar zu halten (...)".

Die in dieser Veröffentlichung dargestellten Social Media-Elemente (Telemedien) sind alle kostenfrei, also nicht gegen Entgelt zu nutzen, sie werden jedoch geschäftsmäßig genutzt. Deshalb sind die Allgemeinen Informationspflichten des Telemediengesetzes zu wahren und **deshalb muss ein Impressum erstellt werden**. Dabei muss der Ort des Impressums nicht identisch sein mit dem der zur Verfügung gestellten Informationen, sich somit nicht unbedingt auf der Präsenz in z.B. *Facebook* oder *YouTube* befinden. Ein Link, etwa zur Homepage

---

[55]   http://www.gesetze-im-internet.de/tmg/1.html – Abruf 28.8.2013

[56]   Telemediengesetz, §2, s. http://www.gesetze-im-internet.de/tmg/__2.html –Abruf 20.01.2013

der Einrichtung und einem dort vollständig vorhandenen Impressum, reicht aus. Wie in §5 des Telemediengesetzes beschrieben, muss das Impressum (von Kultureinrichtungen) folgende Informationen beinhalten:

- **Vorname, Name, Träger der Einrichtung, deren Anschrift, Rechtsform und Kontaktangaben.**

Neben den gesetzlichen Erfordernissen sollte bedacht werden, dass das Impressum auch dazu dient, bei eventuell schädigenden Inhalten schnellstmöglich den richtigen Adressaten, in diesem Fall den Administrator der Seite, informieren zu können. Durch die Angabe einer Telefonnummer oder einer Post- bzw. Mail-Adresse ist diese Erreichbarkeit gewährleistet.

5.3 Allgemeine Geschäftsbedingungen (AGB)

Auch die **Allgemeinen Geschäftsbedingungen werden rechtlich nur wirksam**, wenn sie **vor Nutzung des Onlineangebots** durch den Besucher anerkannt werden. Bei Plattformen, die von einem fremden Anbieter *(Twitter, Facebook, YouTube)* bereitgestellt werden, wird durch diese Bestätigung die gesetzliche Gültigkeit gebilligt – erst dann wird der Account freigeschaltet. Beim Einrichten eines Blogs stellt sich das gleiche technische Problem wie beim Umgang mit der Datenschutzerklärung – es ist tatsächlich schwer umsetzbar, die Bestätigung der AGB unmittelbar nach dem Aufruf der Seite zu ermöglichen. Auch hier ist jedoch ein deutlicher Hinweis auf das Vorhandensein auf der digitalen Präsenz zu empfehlen, da sie – wenn auch nicht rechtlich verbindlich – als *„Verhaltensrichtlinien innerhalb der virtuellen Räume*[57]*"* anzusehen sind. Ein einheitlicher Umgang mit Fehlverhalten wie Falschaussagen, Beleidigungen und Nutzersperren kann so garantiert und für den Nutzer transparent dargestellt werden.

---

[57] Thomas Schwenke: Social Media-Marketing und Recht

Der Inhalt der AGB ist nicht für alle Blogs von Kultureinrichtungen gleichermaßen zu verwenden. Vielmehr richtet er sich nach den Möglichkeiten und Angeboten, die die jeweilige Kultureinrichtung auf ihrer Seite anbietet. Sind Kommentare möglich, sollte zu dieser Funktion eine kurze Erklärung vorhanden sein; bei Blogs ohne Kommentarfunktion ist diese Richtlinie überflüssig. Neben dem wünschenswerten Verhalten der Nutzer im Blog, der **Netiquette**, sollten auch **Sanktionen** beim Verstoß aufgezeigt werden.

Als Beispiel hierzu soll **der Blog der Tagesschau**[58] dienen, der unter den „Kommentarrichtlinien im Detail" folgende Angaben aufzeigt:

> „Verstöße gegen diese Richtlinien werden von tagesschau.de nicht geduldet oder sanktioniert. Die Redaktion behält sich das Recht vor, Kommentare zu löschen, zu bearbeiten, zu verschieben oder zu schließen. Jeder Nutzer ist für die von ihm publizierten Kommentare selbst verantwortlich. Die Möglichkeit zu einem Beitrag einen Kommentar zu schreiben endet automatisch nach 14 Tagen. Inhaltliche Änderungen und Ergänzungen dieser Richtlinien behalten wir uns vor."

Leser werden hier über die Folgen aufgeklärt zu Kommentaren, die inhaltlich u.a. „Rassismus", „Werbung", „Aufforderung zu Gewalt" und auch „fremdsprachliche Beiträge"[59] enthalten; gleichzeitig distanziert sich der Betreiber des Blogs von solchen Inhalten.

In kritischen Fällen kann ein Verweis auf die individualisierten Allgemeinen Geschäftsbedingungen für Klarheit sorgen und weiteren Diskussionen vorgreifen.

---

[58] http://blog.tagesschau.de/ Abruf 15.8.2013
[59] ebd.

6. Social Media-Richtlinien (Guidelines)

Damit das Einbinden der Social Media-Elemente in die Öffentlichkeitsarbeit rechtlich einwandfrei erfolgen kann, muss einerseits das Wissen um die entsprechenden Regelungen und Gesetze und andererseits auch das Know-how bei der Vorgehensweise den Mitarbeitern bekannt sein. Schulungen und das Selbststudium der entsprechenden Literatur sind wünschenswert.

Es erscheint allerdings sinnvoll, sich auch die bereits vorliegenden **Social Media-Richtlinien (Guidelines)** anderer Institutionen anzuschauen. Diese wurden zunächst für US-amerikanische Unternehmen aufgestellt, mittlerweile sind sie für fast alle (größeren) deutschen Konzerne und Firmen vorhanden. Die Richtlinien betreffen Aspekte wie Inhalte, Zuständigkeiten und den erforderlichen Arbeitsaufwand für die Außendarstellung des Unternehmens durch Social Media. Es handelt sich hierbei um **innerbetriebliche Absprachen**, folglich lassen sich diese Beispiele nur bedingt auf öffentliche Kultureinrichtungen übertragen. Die vorhandenen Schnittstellen sollen hier jedoch dargestellt werden.

Noch vor wenigen Jahren wurden PR-Agenturen beauftragt, die einheitliche und ansprechende Außendarstellung eines Unternehmens zu gestalten und sie dann der Öffentlichkeit zu präsentieren. Durch die Entwicklungen des Web 2.0 sinken die technischen, zeitlichen und finanziellen Anforderungen an solche Präsentationen und ermöglichen es, dass inzwischen die Auftraggeber „von früher" ihre digitalen Auftritte nun selbst gestalten können. Dabei werden aber häufig jene Bereiche nicht bedacht und beachtet, die eine rechtliche Tragweite haben und einem Unternehmen langfristig schaden können.

Um dem entgegen zu wirken, haben immer mehr Firmen eigene **Social Media-Guidelines/Richtlinien** aufgestellt und lassen die Mitarbeiter entsprechend schulen.

Für Archive und weitere Kultureinrichtungen sind die Risiken, die mit dem Einsatz von sozialen Netzwerken und Echtzeitmedien verbunden sind, als überschaubar einzuschätzen. Da – je nach Arbeitgeber und Arbeitsauftrag – die Nutzung des Internets während der Arbeitszeit von einem kompletten Verbot bis zur vorgeschrieben durchgängigen Nutzung variieren kann, ist die Einführung von Regeln für den Umgang mit Social Media eine logische Konsequenz. Zudem sollen den Mitarbeitern nicht nur ihre Grenzen in diesem Bereich aufgezeigt werden; vielmehr sind sie als Handlungsempfehlung und Anleitung zu sehen, um die Arbeit zu erleichtern und um Sicherheit mit dieser neuen Kommunikationsmöglichkeit zu geben. Dadurch kann ebenfalls die **Medienkompetenz** der Mitarbeiter erhöht bzw. angeglichen werden. Fehlhandlungen im Internet entstehen meist nicht durch bewusst schädigendes Verhalten, sondern aufgrund fehlender Kenntnisse bzw. unbedachter Handlungen.[60]

Die Guidelines sollen folgende Aspekte berücksichtigen:

- **Inhalte, die präsentiert werden sollen**

  Hierfür ist es erforderlich, ein **Konzept** zu erstellen, welche Inhalte grundsätzlich auf der Seite (bei *Facebook* o.ä.) zu sehen sein sollen. Entsprechend muss geklärt werden, ob Inhalte wie Aufführungsmitschnitte, Fotos aus Beständen und Vortragstexte eingebunden werden dürfen oder sollen, wie sie präsentiert werden sollen und ob Umfragen oder Gewinnspiele möglich oder nicht gewollt sind. Darf zum Beispiel die Übernahme eines politisch brisanten Bestandes in das Archiv veröffentlicht werden? Kann eine ausgeschriebene Stelle auch im Internet veröffentlicht werden? Die Fragen nach der Zuständigkeit und der rechtlichen Möglichkeit müssen hier zusammengeführt werden, um eine inhaltlich korrekte Präsenz der Kultureinrichtungen zu gestalten.

---

[60] http://www.rechtzweinull.de/index.php?/archives/147-Social-Media-Richtlinien-Rechtliche-Leitplanken-schaffen-Medienkompetenz.html – Abruf 154.8.2013

- **Umfang der aufzubringenden Arbeitszeit für die Social Media-Bearbeitung und Festlegung der Zuständigkeiten für einzelne Bereiche**

  Durch das Verschmelzen von dienstlicher und privater Nutzung sozialer Plattformen ist eine Regelung ähnlich der Internetnutzung sinnvoll, wenngleich schwer zu bestimmen. Die kompetente, ausführliche Einrichtung einer *Facebook*-Seite nimmt mehr Zeit in Anspruch als die spätere Unterhaltung (lässt man die „analoge" Arbeit, z.b. die Bilderauswahl für den Upload auf die website, außen vor). Hierbei ist zu überlegen, ob der bzw. die zuständigen Mitarbeiter allein mit der Pflege beauftragt werden. Sollen sie mögliche Quizfragen, Transkriptionsübungen oder Pressetexte selbst erstellen oder sind sie „nur" für das Einstellen in das Netz zuständig? Zuständigkeiten in Verbindung mit der aufzubringenden Zeit sind als erster Faktor zu benennen. Das Einhalten eines zuvor festgesetzten Rahmens ist erfahrungsgemäß nicht möglich, aber mit der Zeit werden sich Erfahrungswerte manifestieren.

- **Die Vernetzung der zuständigen Mitarbeiter und der Bereiche**

  Alle Auftritte im Internet müssen über denselben **Aktualitätsgrad** verfügen, auch wenn sie inhaltlich unterschiedlich gestaltet sein können. Dieser Abgleich der Informationen dient auch dazu, Widersprüche und formelle Fehler zu vermeiden, denn gerade formelle Fehler (unterschiedliche Kontaktdaten oder Öffnungszeiten) hinterlassen beim Nutzer einen unprofessionellen Eindruck und führen zu Imageschäden.

- **Notwenige Kommunikations- und Netiquette-Regeln**

  Für eine authentische, respektvolle und einheitliche Kommunikation innerhalb der Social Media-Anwendungen sind verschiedene Gesichtspunkte im Vorfeld zu klären. Bei der Anrede der Benutzer sollten verschiedene Möglichkeiten, wie z.B.

„Liebe Interessierte des XX-Archivs" oder „Sehr geehrte Archivbenutzer", vereinbart werden, zwischen denen gewählt werden
kann. Eine allzu förmliche Anrede sollte vermieden werden, da
diese nicht der Intention der Social Media entspricht. „Hallo" oder
„Guten Morgen" ist durchaus gängig und zu befürworten, das
„Sie" sollte aber beibehalten werden.

Ein weiterer Punkt ist die Antwortlänge auf eine Anfrage. Sollen
kurze Antworten gestattet sein oder lediglich auf die Kontakt-
möglichkeiten zum Archiv - einschließlich der entstehenden
Kosten - verwiesen werden?

- **Reaktionsmöglichkeiten auf positive und negative Kritik**

Es muss entschieden werden, ob öffentlich, d.h. für alle anderen
Nutzer lesbar, auf eine Kritik eingegangen oder nur in einer persönlichen Nachricht Stellung genommen wird. Wird der „Kritiker"
persönlich angesprochen, muss dieses am Ort seiner öffentlichen
Kritik vermerkt werden, um nicht den Eindruck der Untätigkeit
entstehen zu lassen.

- **Umgang mit Nutzerfehlverhalten**

Die Präsenz der Einrichtung in einem sozialen Netzwerk oder in
einem Blog ist öffentlich, d.h. jeder Nutzer kann willkürlich Bot-
schaften posten, die inhaltlich beleidigend, verboten und/oder
politisch unkorrekt sind. Auf solche Vorfälle muss umgehend und
konsequent reagiert werden; in den meisten Netzwerken gibt
es dazu verschiedene Möglichkeiten wie „Ignorieren" oder das
„gänzliches Sperren" des Urhebers der Kommentare.

Ebenso sollte definiert werden, wie auf Facebook „gefällt-mir"
Anfragen von Organisationen extremistischer Gruppierungen
oder von Personen mit fragwürdiger Intention reagiert wird.
Gerade für solche Fälle müssen die Mitarbeiter sensibilisiert und
geschult werden.

- **Umgang mit Werbung**

  Werbekommentare von Zulieferern, Eventplanern und auch fachfremden Unternehmen werden gerne wegen ihrer großen Leserschaft und der kostenlosen Funktion in Foren, sozialen Netzwerken oder anderen Kommentarräumen hinterlassen. Nutzer mit Informationsabsicht und ernsthaften Anfragen können durch diese Meldungen abgeschreckt werden und die Seriosität der Präsenz in Frage stellen.

- **Erforderliche Kenntnisse der rechtlichen Grundlagen**

  Die Mitarbeiter müssen im Umgang mit den rechtlichen Regelungen, mit denen sie in Bezug auf das Kulturgut und den Internetauftritt der Einrichtung zu tun haben werden, sicher umgehen können.

  Datenschutzgesetz, Archivgesetz, Telemediengesetz sollten bekannt und deren Anwendung gegebenenfalls in Weiterbildungen verdeutlicht werden, um Fehlentscheidungen z.B. bei geschützten Unterlagen zu verhindern.

- **Erforderliche Kenntnisse technischer Grundlagen**

  Vor- und Nachteile von Bild- und Videoformaten für den Upload können ebenso beschrieben werden wie die Auswahl sicherer Passwörter oder das Vermeiden von Spam-Mails. Derartige Ausführungen dürfen nicht zu detailliert sein, nachvollziehbare und vielleicht sichtbare Verbesserungen sind angebrachter. Die Frage, „warum" sich jpg-Dateien besser zum Hochladen eignen als tif-Dateien, kann hilfreich sein, spielt hier aber keine Rolle. Essentiell ist, dass die Mitarbeiter erkennen können, dass es sich um Bildformate handelt und sie diese an der richtigen Stelle auf der Festplatte des Rechners suchen können.

- **Erforderliche Kenntnisse der Spezifika von bestimmten Social Media-Elemente**

  Um von den Mitarbeitern einen verantwortlichen Umgang mit den einzelnen Elementen der Social Media und deren Fähigkeiten zu verlangen, ist eine Aufklärung über die jeweiligen Charakteristika unerlässlich. Fundierte Kenntnisse über das Teilen bzw. die Abgabe von Rechten an *Facebook* beim Einstellen von Fotos, über Veröffentlichungsmodalitäten der Tweets und die Berichtigung oder Löschung von Kommentaren und Texten in Blogs usw., muss präsent und bei jeder Anwendung der Elemente mitbedacht werden. Negative Überraschungen und unumkehrbare Fehlentscheidungen mit eventuell rechtlichen Folgen werden so vermieden.

Werden diese Richtlinien verständlich und eindeutig erstellt, am besten in Zusammenarbeit mit den zuständigen Mitarbeitern, dienen sie als Grundlage der Arbeit mit Social Media-Elementen, auf die sich alle Beteiligten im Zweifelsfall verbindlich beziehen können.

7. Auszüge aus *Facebook*s „Erklärung der Rechte und Pflichten"

Die „Erklärung der Rechte und Pflichten[61]" zur Einrichtung und Unterhaltung eines Accounts bei *Facebook* umfasst 19 Punkte, die den Nutzern viele Pflichten auferlegen und wenige Rechte überlassen. Die für Kultureinrichtungen relevanten Passagen[62] werden im Folgenden kurz vorgestellt, die komplette Version ist unter dem angegebenen Link (Fußnote 62) zu finden. Relevante, zweideutige Bezeichnungen werden im Folgenden in Fußnoten aufgelöst.

- **Der Umgang von *Facebook* mit Inhalten[63] und Daten[64]**, die *Facebook*-Nutzer zur Verfügung stellen:

  Hierzu wird lediglich auf die „Datenverwendungsrichtlinien"[65] verwiesen, welche auf der Plattform eine eigene Seite bilden. Dort wird erklärt, dass durch Nutzer bereitgestellte Daten „beispielsweise" (!) für lokale bzw. interessengenerierte Werbeangebote oder Hinweise auf Anwendungen genutzt werden können/dürfen. Eine konkrete Aussage zur Gesamtheit der Nutzungsgebiete der Daten wird nicht gemacht.

- **Die Handhabe mit Inhalten und Informationen[66]**, die über den Account hochgeladen werden:

---

[61] http://www.facebook.com/legal/terms?ref=pf – Abruf 15.8.2013

[62] Ausgenommen sind die Regelungen für Werbemaßnahmen, kommerzielle Verwendungen, Anwendungen wie (Gewinn-)Spiele und Handy-Applikationen

[63] Definition Inhalt: „Mit „Inhalten" ist alles gemeint, was du auf *Facebook*. postest, und das nicht durch die Definition von „Informationen" abgedeckt wird."

[64] Definition Daten: „„Daten" bezeichnet Inhalte und Informationen, die Dritte von *Facebook* abrufen oder *Facebook* über die Plattform zur Verfügung stellen können."

[65] http://www.facebook.com/about/privacy/ – Abruf 15.8.2012

[66] Definition „Information": „Mit „Informationen" beziehen wir uns auf Fakten und andere Informationen über dich, inklusive Handlungen, die du durchführst."

Zwar wird hier festgelegt, dass der Nutzer Eigentümer aller „IP-Inhalte" bleibt, allerdings räumt sich *Facebook* das Recht an allen Inhalten zur „nicht-exklusiven, übertragbaren, unterlizenzierbaren, gebührenfreien, weltweiten Lizenz zur Nutzung" ein. Jedes Bild oder Video und jeder Text kann somit nach dem Upload durch den Kontoinhaber rechtmäßig von *Facebook* für kommerzielle Zwecke genutzt werden. Werden diese Inhalte gelöscht, erlischt auch das Recht zur Nutzung durch *Facebook*, es sei denn, sie wurden von anderen Nutzern geteilt und auf deren Account nicht gelöscht; da dies weit verbreitet ist, stellt sich *Facebook* eine Art Freifahrtschein aus. Die Daten sind, sobald sie gelöscht wurden, für andere User nicht mehr sichtbar, bei *Facebook* werden sie noch für eine „angemessene Zeitspanne" in Form einer Sicherheitskopie beibehalten. Eine genaue Dauer dieser Zeitspanne ist nicht gegeben.

- **Die Sicherheit** von *Facebook* und **die unsachgemäße Nutzung**:

Die Nutzer verpflichten sich dazu, kommerzielle Kommunikation, so genannte Schneeballsysteme zur schnellen Verbreitung von Informationen oder Viren, innerhalb der sozialen Plattform zu unterlassen. Weiterhin wird die Verletzung der Persönlichkeitsrechte anderer User und das Posten gewaltverherrlichender, pornografischer oder diskriminierender Inhalte oder „alkoholischer Natur" untersagt.

- **Die Registrierung eines Kontos**:

Es ist verboten, falsche Angaben in dem Account zu machen und ein Konto für eine andere Person zu erstellen. Personen unter 13 Jahren und „verurteilte Sexualstraftäter" dürfen keinen Account bei *Facebook* einrichten.

Bei der Einrichtung eines Accounts für Kultureinrichtungen muss der neunte Absatz beachtet werden: „Du wirst dein Konto (einschließlich jeglicher von dir verwalteten Seiten oder Anwendung) an niemanden übertragen, ohne vorher unsere schriftliche Erlaubnis einzuholen." Wie ernst zu nehmen diese Aufforderung ist, kann hier nicht beantwortet werden. Solange sich die Trägerschaft der Einrichtung nicht ändert, dürfte keine Einmischung von *Facebook* zu erwarten sein. Bei größeren Umstrukturierungen oder Fusionen sollte dieser Abschnitt jedoch beachtet werden.

Der Schutz der Rechte anderer Personen, Nutzern und *Facebook* selbst sowie möglichen **Sanktionen** bei Verletzung der Richtlinien:

Inhalte, die die Persönlichkeitsrechte anderer verletzen oder Gesetzesverbote darstellen, dürfen nicht in den Account eingestellt werden. *Facebook* hält sich das Recht vor, Inhalte zu löschen bzw. den Account zu sperren, wenn gegen diese Vereinbarung verstoßen wird. Den Nutzern wird das Recht zu einer Gegendarstellung eingeräumt. Im nächsten Absatz sichert sich *Facebook* die Rechte am eigenen Markennamen und -zeichen und ähnlichen Schriftzügen und Logos. Die Nutzung dieser graphischen Darstellungen unterliegt einer schriftlichen Zusage durch *Facebook*.

Die Punkte 6 bis 13 sind für die Nutzung von *Facebook* durch Kultureinrichtungen nicht relevant und werden deshalb hier nicht beachtet.

- **Die Änderungen der Richtlinien:**

Inhaltliche oder formelle Abwandlungen müssen mindestens sieben Tage vor dem Inkrafttreten auf der Seite „*Facebook* Site Governance" genannt und zur Kommentierung frei gestellt werden. Wurde das eigene Profil mit dem der Seite durch „gefällt mir" verbunden, werden die neuen Informationen automatisch auf der eigenen Pinnwand gepostet. Reagieren mehr als 7000 Nutzer auf dieses Posting der Änderungsabsicht sieht *Facebook* eine Abstimmung unter den Nutzern vor, deren Ergebnis verbindlich ist, sobald 30% aller aktiven[67] Nutzer daran teilgenommen haben.

Diese Art der Mitbestimmung erscheint auf den ersten Blick fair; wird jedoch bedacht, dass 30% der aktiven Nutzer mehr als sieben Millionen Menschen weltweit sind, ist die Bestimmungsmöglichkeit durch die Nutzer gering.

- **Die Regelung zur Löschung des Nutzeraccounts durch** *Facebook* :

Wird gegen eine oder mehrere der genannten Richtlinien verstoßen, wird das Konto teilweise oder ganz gelöscht, eine entsprechende Mail oder persönliche Nachricht wird vorher verschickt.

- **Die formalen Bedingungen im Fall eines Rechtsstreits**:

Rechtliche Basis sind die Gesetze des Bundesstaates Kalifornien, unabhängig von internationalem Recht. Mögliche rechtliche Streitfälle um *Facebook* werden ausschließlich vor einem der Gerichte im Santa Clara County, Kalifornien, verhandelt. *Facebook* entbindet sich von sämtlichen Klagen und finanziellen Forderungen, die gegen einen Nutzer durch die Einrichtung, Unterhaltung und Bereitstellung von Informationen in seinem Account geführt werden. Daneben spricht sich *Facebook* von jeglicher Verantwortung gegenüber Nutzerverhalten in allen Formen frei.

Punkt 17 ist ebenfalls relevant für Kultureinrichtungen – hier weist Facebook darauf hin, dass sämtliche Daten in die USA gesendet und dort weiterhin genutzt werden.[68]

---

[67] Definition Aktiver Nutzer: „Aktive, registrierte Nutzer" verweist auf Nutzer, die sich innerhalb der vergangenen 30 Tage mindestens einmal bei *Facebook* angemeldet haben."

[68] Ebenfalls wird hier auf bestimmte Richtlinien hingewiesen, die für deutsche User gelten; diese beziehen sich jedoch auf die Punkte, die hier ausgelassen wurden und somit nicht weiter ausgeführt werden.

Zusammenfassend ist zu sagen, dass *Facebook* – obwohl oder gerade weil es so leicht zu bedienen ist – bei seiner Anwendung nicht unproblematisch ist. Die Möglichkeiten, die sich auf dieser sozialen Plattform bieten, sind in vielerlei Hinsicht einzigartig und führten und führen zum Erfolg von *Facebook*. Dass jedoch die Rechte an allen eingestellten Inhalten theoretisch an *Facebook* übergehen, muss bei jeder Aktivität beachtet werden.

Wenn z.B. ein weltweit agierender Limonadenhersteller ohne Genehmigung ein Foto aus den 50er Jahren vom örtlichen Marktplatz mit erkennbaren Personen nutzt, um so sein Produkt mit seiner Tradition im Nachkriegsdeutschland zu bewerben, kann dies in Deutschland einen Gesetzesverstoß darstellen (Recht am eigenen Bild) und zu Schadensersatzforderungen führen – bei *Facebook* wäre es rechtlich möglich. Ein Rechtsstreit mit den abgebildeten Personen, dem Fotograf usw. hat dann eher der Administrator des *Facebook*-Accounts zu erwarten.

Hinweis:
Um der Fremdnutzung der eingestellten Medien entgegenzuwirken, können Fotos und Videos mit Wasserzeichen versehen werden, die eine Herkunftsadresse o.ä. abbilden.

Auf die Nutzungsmöglichkeiten durch *Facebook* und andere Personen oder Organisationen wurde hier hingewiesen. Abzuschätzen, wie wahrscheinlich ein Missbrauch der eigenen Inhalte ist, ist Aufgabe der zuständigen Mitarbeiter und muss streng genommen für jedes Medium neu entschieden werden.

8. Strategie zum Einstieg in Social Media-Aktivitäten

Bevor ein Account erstellt oder ein Text für einen Internetauftritt geschrieben wird, ist es unumgänglich, eine **Strategie** zum gesamten Vorgehen in diesem neuen Bereich zu erstellen, die sich **von der Zielsetzung über den Ablauf bis zur Zielerreichung** erstreckt. Ohne diese Basisarbeit verlaufen sämtliche Planungen und Ideen im Nirgendwo; eine möglichst detaillierte Formulierung der Strategie und ihrer einzelnen Punkte kann dies verhindern. Wichtig dabei ist, dass die angestrebten (Zwischen)-Ziele realisierbar bleiben und persönliche, finanzielle und zeitliche Ressourcen realistisch kalkuliert werden. Im Folgenden werden die einzelnen Punkte einer solchen Strategie vorgestellt.

- **Definition der Ziele**

  Als erstes müssen die Ziele festgelegt und möglichst konkret definiert werden. Warum wird der Einstieg in Social Media geplant? Welcher Mehrwert wird durch die Einbindung der Social Media in die Öffentlichkeitsarbeit angestrebt – geht es um mehr Besucher, mehr Kommunikation oder um mehr Nachfrage auf kulturelle Angebote. Kultureinrichtungen können die Öffentlichkeitsarbeit dazu nutzen, interessierte Personen in ihr Haus einzuladen, damit diese dort in verschiedenen Beständen recherchieren können, Vorträgen beiwohnen oder Ausstellungen besuchen können. Dementsprechend müssen die Ziele des Social Media-Einsatzes definiert werden: Wenn z.B. die Besucherzahlen erhöht werden, sollten vermehrt Hinweise auf Veranstaltungen, neu erschlossene Bestände oder auf einzigartige Unterlagen mit hohem inhaltlichen Wert gestreut werden. Eine neue Einrichtung kann dagegen zur Vorstellung ihrer Aufgaben, ihres Trägers und ihrer Kulturgüter regelmäßige Postings mit entsprechenden Anmerkungen machen oder Preise in Form von Führungen oder kostenlosem Eintritt verlosen.

- **Definition und Festlegung der Zielgruppen**

   Um eine oder mehrere geeignete Social Media-Anwendungen auszuwählen und einzurichten, müssen vorher die anzusprechenden Personen definiert werden. Einige Angehörige der jeweiligen Zielgruppe findet man auf *Facebook*, andere nutzen ausschließlich *XING* zur Vernetzung und wieder eine andere Gruppe erwartet regelmäßig Informationen über *Twitter*. Die Zielgruppen sollten nach Aktivitätsgrad (Interesse an Diskussionen und Aktionen oder passiver Leser), Alter, Berufstätigkeit und Interessen eingeteilt werden. Studien[69] über das Nutzungsverhalten verschiedener Alters- und Interessengruppen bieten Daten über die Verteilung der Zielgruppen hinsichtlich ihrer Vorliebe der ausgewählten Social Media-Anwendung, ihrer Verweildauer und Aktivitäten auf sowie ihre Ansprüche und Erwartungen an die Plattform. Neben der Definition der Zielgruppe muss diese im Netz lokalisiert werden. Bei den meisten sozialen Plattformen ist es den Nutzern möglich, Gruppen zu bilden bzw. bereits vorhandenen Gruppen beizutreten. Hier treffen Angehörige potenzieller Zielgruppen zusammen; allgemeine Postings mit dem Hinweis auf die eigene Präsenz, offene Fragen an die Runde oder ausformulierte Thesen als Diskussionsgrundlage bringen neue Gruppenmitglieder, hier die Kultureinrichtung, ins Gespräch.

- **Definition der Inhalte und der Auswahl der Social Media-Elemente**[70]

   In Verbindung mit dem Monitoring steht die Definition der Inhalte, die in die digitale Präsenz eingebunden werden sollen und die Entscheidung, in welchem Social Media-Element welcher Content eingestellt wird. Mediale Allrounder wie *Facebook* eignen sich gut für die Einstellung von Videos, Fotos und Links, während über *Twitter* „nur" kurze Texte mit Links zu Drittanbietern versandt werden können; Blogs bieten sich für lange

---

[69]   http://empowered.forrester.com/tool_consumer.html – Abruf 15.8.2013
[70]   s. hierzu das Kapitel Auswahl der Anwendungen, Kap. Nr. 10

Texte mit bildlichen Darstellungen an und *YouTube* ist nahezu ausschließlich für Videos zu nutzen. Vor der Auswahl der Social Media-Anwendung müssen daher die ausgewählten Inhalte in Gruppen aufgeteilt werden, um daraufhin die beste Plattform zur Präsentation zu wählen. Hierbei ist die „Gewöhnung" der Nutzer zu beachten: ein Wechsel oder Veränderungen der Medienarten auf einer digitalen Präsenz können das Abspringen anfangs interessierter Besucher provozieren.

Bei der Auswahl der Inhalte ist zudem zu beachten, dass ausreichend Material vorhanden ist. Bei angekündigten Aktionen zu einem bestimmten Thema wie dem Einstellen von Filmausschnitten oder Transkriptionsübungen muss so viel verwendbarer „Stoff" vorliegen, um einen längeren Zeitraum abzudecken. Kleinere, aber dafür regelmäßige Postings sind daher sinnvoller, als das gesamte Material in kurzer Zeit zu „verbrauchen".

- **Monitoring – Beobachtung und Bearbeitung**

Das so genannte Monitoring erfolgt vor dem aktiven Einstieg in eine soziale Plattform. Mit einem Account, der noch in keiner Verbindung mit anderen Nutzern steht, lassen sich zuerst die Aktivitäten in der Gruppe beobachten: beispielsweise der Umgangston und und die Professionalität; so können beim aktiven Einstieg mögliche Stolperfallen vermieden werden.

Andererseits muss das Monitoring auch fester Bestandteil während der alltäglichen Arbeit mit den Social Media-Anwendungen sein. Für die weitere Planung und Auswahl des Inhalts (s. Punkt 4) muss vergegenwärtigt werden, ob und wie die digitale Präsenz im Allgemeinen und in speziellen Punkten angenommen wird: Steigt die Anzahl der „Fans" und der „gefällt mir"-Klicks? Sind weiterhin Reaktionen und auch Diskussionen auf eingestellte Fotos/Videos/Texte zu vernehmen? Werden die Inhalte der Seite auch auf anderen Accounts verlinkt bzw. geteilt? Ist ein merkbarer Rückgang der Nutzeraktivitäten festzustellen, muss die Ursache gesucht und möglichst entgegen gearbeitet werden. Wiederholen sich die Inhalte? Werden keine neuen Ansatzpunkte geboten, an denen Nutzer in eine Diskussion einsteigen könnten? Wird nicht angemessen auf interessierte Besucher eingegangen oder mögliche Fragen zu kurz oder zu oberflächlich beantwortet? Dies sind Fehler, die leicht behoben werden können, sobald sie ausgemacht wurden. Deshalb ist eine ständige Beobachtung der eigenen Aktionen und der Reaktionen darauf fester Bestandteil bei der Arbeit mit Social Media-Anwendungen. Vielleicht liegt die zurückgehende Nutzeraktivität gar nicht an der digitalen Präsenz auf der Plattform, sondern an einem allgemeinen Nutzerrückgang der Social Media-Anwendung, s. z.B. der Wechsel vieler Nutzer von StudiVZ zu *Facebook*[71]. In einem solchen Fall ist zu überdenken, ebenfalls die Plattform zu wechseln; eine vorherige Prüfung auf Intention, Nutzungsmöglichkeiten und der anwendungseigenen Rechtslage ist unbedingt notwendig.

- **Analoge Vernetzung der Mitarbeiter**

Vor allem in größeren Einrichtungen ist die Vernetzung der Mitarbeiter jenseits der digitalen Welt von großer Bedeutung. Zunächst müssen alle Mitarbeiter über den Einstieg in die „Social Media-Welt" informiert und Fortbildungen über die möglicherweise weitgehend unbekannten Anwendungen durchgeführt werden. Eine aktive Mitarbeit in Form von Vorschlägen für Aktionen, Medienauswahl oder auch das Anbringen von Verbesserungsvorschlägen kann nur dann befriedigend gelingen, wenn möglichst viele Kollegen über den Stand und den Umgang mit der Anwendung vertraut sind. Die Vertretung in Krankheitsfällen oder sonstigem Ausfall sollte fest geregelt sein; Voraussetzung dafür ist der regelmäßige Austausch zwischen den Mitarbeitern

---

[71] http://www.sueddeutsche.de/digital/pech-fuer-holtzbrinck-verkauf-von-studivz-an-Facebook-scheiterte-an-datenschutz-1.1328299 – Abruf 15.8.2013

- **Social Media-Guidelines**

Damit sich die Mitarbeiter dauerhaft in die neue Aufgabe einfinden können und ein „Handbuch" für schwierige Entscheidungen haben, ist die Erstellung von Social Media-Guidelines eine Voraussetzung. Eine ausführliche Erklärung dazu siehe Kapitel Recht → Social Media-Guidelines.

Wird nach diesen Punkten der Einstieg in die Social Media vollzogen, werden wenig unvorhergesehene Probleme auftreten. Die Ausarbeitung der Strategie hat zudem den Effekt, dass sich bei Mitarbeitern bereits im Vorfeld ein Know-how der verschiedenen Nutzungsmöglichkeiten von Anwendungen aufbaut. Sie werden firm im Umgang, können die Folgen von Entscheidungen besser einschätzen und verhalten sich in der Praxis sicherer.

9. Beispiele von Social Media-Aktivitäten einzelner Archive und archivischer Institutionen

Um einen Eindruck zu gewinnen, welchen Aufwand die Öffentlichkeitsarbeit mit Hilfe von Social Media erfordern kann bzw. sollte, werden im Folgenden verschiedene digitale Auftritte archivischer Einrichtungen vorgestellt. Ausgewählt wurden drei Institutionen: das *Archiv der Jugendkulturen*, das Österreichische Staatsarchiv und das *Stadtarchiv Speyer*.

Archiv der Jugendkulturen

Das *Archiv der Jugendkulturen* besteht seit 1998 und archiviert sämtliche Unterlagen, die prägende Richtungen, Meinungen und Erscheinungen verschiedener Jugendkulturen dokumentieren. Archivalien wie Musikträger, Zeitschriften, Plakate und Konzertvideos werden für Forschungen und Studien zur Verfügung gestellt. Neben der Archivtätigkeit unterhält die Einrichtung auch einen beratenden Kontakt zu Kommunen, publiziert regelmäßig eine Zeitschrift und nimmt an Jugendprojekten teil. Der überwiegende Teil der Mitarbeiter ist ehrenamtlich tätig.

Das Archiv ist bei *Wikipedia*[72], *Facebook*[73], mit einem Blog[74] und einer Homepage[75] digital im Internet vertreten; zudem findet sich bei *YouTube* eine Vorstellung des Archivs[76], eingestellt von AFP („Agence des feuilles politiques"), einer weltweit tätigen französischen Nachrichtenagentur.

---

[72] http://de.wikipedia.org/wiki/Archiv_der_Jugendkulturen – Abruf 27.07.2013

[73] http://www.Facebook.com/jugendkulturen – Abruf 15.8.2013

[74] http://graffitiarchiv.WordPress.com/ – Abruf 27.07.2013

[75] http://www.jugendkulturen.de/ –Abruf 27.07.2013

[76] http://www.YouTube.com/watch?v=09y1Mnuvrxk – Abruf 27.07.2013

Die Internetpräsenz bietet die zu erwartenden Themenbereiche wie die Vorstellung des Archivs, Projekte, Veranstaltungen, einen Online-Katalog der Bibliothek und die Kontaktdaten an.

Der Blog beschäftigt sich mit Themen rund um die Graffiti-Kunst in Verbindung mit Jugendkultur und Jugendarbeit. Alle Daten sind aktuell, gepostete Artikel erscheinen allerdings relativ selten: In sechs Monaten waren es neun Texte.

Auf dem im Dezember 2010 eingerichteten *Facebook*-Account werden in regelmäßigen Abständen Neuigkeiten veröffentlicht, im Durchschnitt sind zwei bis drei neue Posts pro Monat zu finden, meist mit Veranstaltungshinweisen. Die 469 Fans und weitere Besucher des Accounts hinterlassen jedoch wenige Reaktionen. Kommentare und „gefällt mir"-Klicks unter den eingestellten Neuigkeiten erfolgen selten.

Österreichisches Staatsarchiv

Das 1749 gegründete **Österreichische Staatsarchiv**[77] ist eine nachgeordnete Dienststelle des Bundeskanzleramtes mit Sitz in Wien. Neben den „üblichen" Provenienzen, den Bundesdienststellen der Republik, verfügt das Archiv über die Überlieferungen der Zentralbehörden der Habsburgermonarchie (1526–1918), der obersten Organe des Heiligen Römischen Reichs (bis 1806) und der babenbergisch-habsburgischen Urkundensammlung. Die gesamten Bestände des Staatsarchivs umfassen 183.700 laufende Meter und rund 800.000 Bücher der Archivbibliothek, welche von 107 Mitarbeitern betreut werden. Jährlich werden ca. 5.000 Archivbenutzer gezählt.

Das Staatsarchiv ist seit 1995 mit einer Homepage und seit 2010 mit einem *Facebook*-Account im Internet vertreten.

---

[77] http://www.oesta.gv.at/ –Abruf 18.02.2013

Auf der Homepage finden sich die „üblichen" zu erwartenden Informationen zum Archiv wie „Aktuelles", „Bestände" und „Aufgaben & Organisation".[78]

Der *Facebook*-Auftritt, welcher von einem Mitarbeiter in etwa zwei Stunden pro Woche gepflegt wird, weist auf Veranstaltungen hin, es werden Inhalte der Homepage hervorgehoben und auch formale Angaben wie Öffnungszeiten und Schließtage vermerkt[79]; 550 Fans folgen dem Account.

Da die meisten Internetrecherchen bei Wikipedia gestartet werden, ist auch dort ein Artikel zum Staatsarchiv angelegt worden, welcher entsprechende Links zur Archivdatenbank enthält und somit auf die Homepage verweist.

Die Nutzung dieser Social Media-Elemente wird von den Mitarbeitern des Archivs als durchweg positiv bewertet, wird doch mit einem ständig aktualisierten Auftritt ein Mehrwert an Wahrnehmung und Kommunikation des Archivs in der Öffentlichkeit erreicht.[80]

Stadtarchiv Speyer

Das **Stadtarchiv Speyer** ist das älteste kommunale Archiv der Pfalz, das dort älteste Dokument ist eine Urkunde von Friedrich I. (Barbarossa) aus dem Jahr 1182. Vier Mitarbeiter betreuen das Archiv, welches nach drei Umzügen (1726, 1892, 1995) heute (2013) in den ehemaligen Gebäuden der Pfälzischen Landesbibliothek untergebracht ist.

Das Stadtarchiv ist in verschiedenen Social Media-Bereichen tätig[81]: bei *Facebook*, Slideshare, *Flickr*, Wikipedia, einem Blog und

---

[78] http://www.oesta.gv.at/ –Abruf 18.02.2013

[79] Der Archivar Mai 2012

[80] Der Archivar Mai 2012

[81] http://www.speyer.de/sv_speyer/de/Bildung/Abteilung%20Kulturelles%20
Erbe%20-%20Stadtarchiv/ – Abruf 19.03.2013

Twitter[82] werden in regelmäßigen Abständen Inhalte geladen und so eine permanente Aktualität geboten. Dr. Joachim Kemper, Leiter des Stadtarchivs, gibt in der Zeitschrift „Archivar"[83] vom Mai 2012 eine detaillierte Aufstellung über die Arbeit mit den sozialen Medien.

Der *Facebook*-Account wird vornehmlich für die Verbreitung von Veranstaltungshinweisen, Uploads von Abbildungen mit Archivalien oder Fotos (...) z.B. zu „Bestandsarbeiten, Neuerwerbungen, Archivführungen (...)[84]" mit zugehörigen erklärenden Berichten, genutzt.

Twitter hingegen eignet sich eher für prägnante Kurznachrichten, so Joachim Kemper; hier werden Informationen wie eine aktuelle Situation im Archiv oder Live-Berichte von Tagungen oder Vorträgen ge*Twitter*t. Während also bei *Facebook* auf die Ausführlichkeit und die multimedialen Möglichkeiten gesetzt wird, nutzen die Mitarbeiter bei *Twitter* die Chance einer Liveberichterstattung durch kurze Textbeiträge. Dass die „Fans" bzw. „Follower" des Stadtarchivs beide Varianten gut annehmnen, zeigen die Nutzerdaten: Der Account bei *Facebook* verzeichnet derzeit 595 Personen, die den „gefällt mir"-Button des Archivs geklickt haben, 500.000 Personen haben die Beiträge gelesen. Über *Twitter* werden 300 „Follower" erreicht, welche die bis jetzt gesendeten 3.000 Tweets erhalten haben.

Über Slideshare stellen Mitarbeiter des Stadtarchivs Speyer Vorträge und ähnliches zur Nachlese zur Verfügung. Besondere Beachtung finden hier die Referate aus der Vortragsreihe „Mittwochabend im Stadtarchiv", welche ebenfalls auf dieser Plattform nachgelesen werden können.

---

[82] https://Twitter.com/#!/Speyer_Archiv; – Abruf 15.8.2013
http://www.Facebook.com/Speyer.Stadtarchiv; – Abruf 15.8.2013
http://www.slideshare.net/StadtASpeyer; – Abruf 15.8.2013
http://www.Flickr.com/photos/stadtarchiv_speyer/sets/; – Abruf 15.8.2013
http://de.wikipedia.org/wiki/Stadtarchiv_Speyer – Abruf 15.8.2013

[83] Der Archivar Mai 2012

[84] Der Archivar Mai 2012

Eine chronologisch basierte Web-Anwendung findet sich in dem Blog „Hausbuch von Johann Michael Beutelspacher 1795 (Speyer)"[85] mit folgendem Inhalt: „Hausbuch, darinnen aufgezeichnet die merkwürdigsten Fakta, welche sich sowohl in der Stadt [Speyer] als im Familienkreise eraygnet haben. Aufgezeichnet von Johann Michael Beutelspacher, angefangen den 1. Januari 1795". Die Einträge dieser Aufzeichnungen werden hier alle zwei bis drei Wochen publiziert, parallel dazu sind sie auch bei *Facebook* und *Twitter* zu finden.

Schließlich nutzt das Archiv zur Verbreitung von Fotos den Dienst *„Flickr"*. Vergangene Fotoausstellungen und auch thematisch zusammengestellte Fotosammlungen werden hier hochgeladen und den Nutzern so zur Verfügung gestellt. Zum Schutz der Bilder wird die Creative-Commons-Lizenz[86] CC BY-NC-SA 3.0 angelegt (siehe Kap. 2).

Insgesamt beurteilt Joachim Kemper die Arbeit mit den sozialen Anwendungen positiv. Mit einem relativ geringen Arbeitsaufwand von zwei bis drei Stunden pro Woche für zwei Mitarbeiter wird eine hohe Präsenz der Archivarbeit in der Öffentlichkeit erreicht. Eine Auswahl der Social Media-Möglichkeiten mit kritischem Blick sei unabdingbar, jedoch bedeutete „Das Engagement im Web 2.0 (...) für das Stadtarchiv einen Quantensprung in der öffentlichen Wahrnehmung[87]", so Kemper.

Der Vergleich der hier aufgeführten Social Media-Auftritte zeigt, dass ein Archiv (s. Speyer, sechs Mitarbeiter) mit kleiner personeller Ressource eine vergleichbar intensive digitale Öffentlichkeitsarbeit leisten kann wie das *Österreichische Staatsarchiv* mit insgesamt 107 Mitarbeitern. Die oben aufgeführten Accounts und weiteren Sharing-Portale belegen den Mehrwert in der öffentlichen Wahrnehmung.

---

[85] http://speyererhausbuch1795.blogspot.de/2012/03/zweck-dieses-weblogs-des-stadtarchivs.html – Abruf 15.8.2013

[86] http://de.creativecommons.org/ – Abruf 15.8.2013

[87] Der Archivar Mai 2012

Hinweis:
Um die eigene Motivation und Ausdauer der Pflege eines Kontos in einer Social Media-Anwendung zu testen, kann über einen bestimmten Zeitraum ein Probelauf gestartet werden: Das Einstellen von Blind- oder auch Realtexten auf einen Account, welcher schon angelegt aber noch nicht veröffentlicht ist, kann geübt und geprobt werden. Dabei gewonnene Ergebnisse, die den Einsatz dieser Anwendungen in der Öffentlichkeitsarbeit zweifelhaft werden lassen oder aber bestätigen, helfen bei der Entscheidung über den Einstieg in die Social Media.

10. Schlussfolgerungen zu den Anwendungsmöglichkeiten der Social Media-Netzwerke

Die Frage, welches Social Media-Netzwerk für Kultureinrichtungen empfehlenswert sein kann, ist schwer zu beantworten, da unterschiedliche Einrichtungen auch unterschiedliche Anforderungen an die Social Media-Netzwerke stellen. So wird jede Institution diese Frage für sich entscheiden müssen.

Zusammenfassend lässt sich an dieser Stelle jedoch auf Folgendes hinweisen:

- Alle vorgestellten Social Media Netzwerke bieten eine **kostenfreie Anmeldung** und die **kostenfreie Nutzung** der Anwendungen an, wobei **das Einrichten eines Accounts**- auch wegen selbsterklärender Funktionen – **vergleichbar einfach** ist und mit relativ **geringem Zeitaufwand** durchgeführt werden kann.

Allerdings soll an dieser Stelle doch empfohlen werden, dass Institutionen wie Archive oder Bibliotheken für sich zumindest einen *Facebook* Account einrichten, da in keinem anderen Netzwerk so viele Personen und Organisationen erreicht werden können und entsprechend auch viel Feedback erhalten werden kann.

Parallel zum *Facebook*-Auftritt sollte zusätzlich ein weiterer Account bei einem der medienspezifischen Dienste angelegt werden – die Auswahl könnte beispielsweise dadurch entschieden werden, dass man den Dienst wählt, über den die meiste Resonanz auf den *Facebook*-Auftritt erfolgt.

Weiterhin muss darauf geachtet werden, dass die verschiedenen Accounts miteinander vernetzt sind, so dass sie sich auch automatisch synchronisieren können. Damit wird verhindert, dass ein Profil aktueller ist als ein anderes oder dass beide sich womöglich widersprechen.

- Im täglichen Umgang und auch in dieser Veröffentlichung erhält bzw. belegt **Facebook** den meisten Raum – kein anderer Dienst hat so viele Nutzer, keiner ist so präsent. Es drängt sich die Frage auf, ob *Facebook* nicht ausreicht als Social Media-Netzwerk für die Öffentlichkeitsarbeit einer Kultur-Institution und somit also der Einsatz von *YouTube, Twitter* usw. überflüssig wäre. Zumal die maximale Zeichenanzahl bei Facebook inzwischen auf 63.206 erhöht wurde, und deshalb Blogs, in denen bisher Texte geschrieben und verlinkt wurden, irrelevant erscheinen. Auch Videos können heute direkt im Facebook-Account angesehen werden, dazu bedarf es nicht mehr der Einrichtung des *YouTube*-Kanals.

Tatsächlich vereint *Facebook* alle Möglichkeiten der hier vorgestellten Dienste und bietet so den Vorteil, dass das Einrichten und Bearbeiten des Internetauftritts sowohl personell als auch zeitlich in einem überschaubaren Rahmen gehalten werden kann.

Der Wechsel bzw. eine Mischung von Texten, Videos und Fotos sind ansprechende Möglichkeiten, interessierte Besucher auf der Seite verweilen zu lassen. Öffnet ein Nutzer seinen eigenen *Facebook*-Account, kann er auf seiner Pinnwand alle neuen Einträge überblicken. Sobald also jemand Fan einer Archivseite geworden ist, wird er automatisch auf neue Fotos, Videos oder Textbeiträge des Archivs aufmerksam und im besten Fall neugierig gemacht.

Das Logo *Facebooks* auf einem archiveigenen Flyer reicht aus, um die Präsenz in diesem sozialen Netzwerk mitzuteilen.

Hinweis:
Trotz der verschiedenen Facetten der Nutzungsmöglichkeiten bei *Facebook* ist zu bedenken, dass die Rechte an den dort eingestellten Inhalten zu einem großen Teil an *Facebook* übergehen – und weder deren Verwendung noch die Dauer der Speicherung wird genau angegeben.

Weiterhin muss darauf hingewiesen werden, dass Videos, die so einfach wie beschrieben in einem *Facebook*-Account zu nutzen sein sollen, vorher bei *YouTube* bzw. einem anderen Anbieter hochgeladen werden müssen.

- Der größte Vorteil eines **Blogs** ist dessen „accountlose" Nutzung. Texte, Fotos und Videos können hier gelesen und kommentiert werden, ohne dass vorher ein Konto angelegt werden muss. Diese Hemmschwelle entfällt hier für Nutzer, die über einen Hinweis oder auch zufällig auf der Blogseite „gelandet" sind – ohne einen eigenen Account kann unmittelbar auf die Inhalte eingegangen werden. Leser werden gebunden, indem sie von einem Beitrag zum nächsten wechseln, „verleitet" von eingesetzten, textinternen Links oder Kommentaren bzw. Diskussionen zwischen den Besuchern. Zudem kann bereits die auffallende Gestaltung eines Blogs die Aufmerksamkeit des Besuchers erlangen.

Im Gegensatz zu *Facebook* müssen Bilder bei Blogs nicht nachgestellt, sondern können direkt in eine Textstelle integriert werden. Durch die RSS-Feed-Funktion wird jeder neue Textbeitrag automatisch an die angemeldeten Leser gesandt.

Das Unterhalten eines Blogs ist eine gute Alternative zu *Facebook* wegen der vielfachen Möglichkeiten zu multimedialen Inhalten, zur Individualisierung, zur steten Einbeziehung der Leser durch RSS-Feeds und wegen der anmeldefreien Nutzung – zumindest ist es ein lohnendes Zusatzangebot.

- *Flickr* bietet sich als Online-Galerie für die Präsentation von Bildern an. Für Archive, die häufig mit Fotos arbeiten oder umfangreiche Fotobestände haben und diese präsentieren wollen, bietet *Flickr* gute Voraussetzungen für dieses Vorhaben. (Bei einer geringen Anzahl von Bildern lohnt sich der Aufwand des Einrichtens und der Unterhaltung eines eigenen Accounts allerdings nicht.)

Flickr bietet verschiedene Systematiken (Alben oder Sammlungen) und übersichtliche Strukturen an, die ein leichtes Zurechtfinden ermöglichen. Besucher des Accounts können sich zufällig ausgewählte Bilder ansehen oder Aufnahmen suchen, die ihrem Interessengebiet entsprechen. Ausführliche Beschreibungen unterstützen die Recherche nach spezifischen Fotos und ähneln den in Archiven bei der Verzeichnung erfassten Angaben.

Mit der Funktion „Galerie" und deren regelmäßiger Aktualisierung können Besucher an den Account gebunden werden. So können zu einer geplanten Veranstaltung im Archivsprengel historische Aufnahmen zusammengestellt werden und als Onlinebeitrag in das Festprogramm eingefügt werden. Ebenso kann mit Hilfe der „Galerie" ein neuer Archivbestand vorgestellt und das Interesse dafür geweckt werden.

Flickr bietet den Vorteil, dass die interessierten Nutzer die eingestellten Fotos betrachten können, ohne einen eigenen Account zu besitzen.

- Der „Kurznachrichtendienst" **Twitter** dient überwiegend dazu, auf einen neuen Content aufmerksam zu machen. Er bietet jeweils 140 Zeichen an, um Neuigkeiten in sehr kurz gehaltenen Texten zu verbreiten. Meist findet sich am Ende des Textes ein Link, über den ein ausführlicher Beitrag, eventuell mit Bildern, zu finden ist. Oft führt dieser Link auch zu einem weiteren Anbieter wie *YouTube*, *Facebook* oder einem Blog.

Ein Charakteristikum von *Twitter* ist die Möglichkeit, aktuelle Informationen schnell zu verbreiten. Es wird von den Nutzern meisten mobil (via Smartphones) genutzt, daher erscheint eine sinnvolle Nutzung für ein Archiv eher fraglich. Mitteilungen und Inhalte, die ein Archiv verbreitet, wie historische Fotos oder Aufnahmen von Archivalien, unterliegen nicht der Eile zur sofortigen Benachrichtigung.

Das Einrichten eines *Twitter*-Accounts bedeutet daher meist zusätzliche Arbeit mit einem nur geringen Mehrwert. Allein das Versenden von Bildern oder Videos über Twitter bedeutet einen fragwürdigen Mehraufwand, denn Bilder etc. müssen zunächst bei einem Drittanbieter wie *YouTube* oder *Flickr* eingestellt werden, d.h. dort müsste ebenfalls ein Account bestehen oder eingerichtet werden.

- Bei *YouTube* können Videos eingestellt bzw eingestellte Videos – mit der Funktion eines „Kanals" – gebündelt werden; sie sind dann auf einer Seite verfügbar. Besucher und Nutzer können also leicht und schnell von einem Video zum nächsten wechseln. Außerdem können auch Videos von anderen Nutzern in *YouTube*-interne Hitlisten eingestellt oder auch in eigene Blogs eingefügt werden. Wird also beabsichtigt, viele Filme in das Internet zu stellen, dann erscheint das Einrichten eines Kanals bei *YouTube* durchaus sinnvoll.

Abschließend kann empfohlen werden, als Social-Media-Aktivität im Internet mindestens einen *Facebook-Account* und dazu möglichst einen weiteren Account (s.o.) einzurichten.

Die im Kapitel 9 vorgestellten Archive setzen für diesen Teil der Öffentlichkeitsarbeit zwei Stunden (ein Mitarbeiter) bzw. vier Stunden (zwei Mitarbeiter) pro Woche an. Dabei muss bedacht werden, dass diese Zeit kontinuierlich auf jeden Tag aufgeteilt werden sollte, um sowohl zeitnah auf Fragen und Kommentare reagieren zu können als auch dauerhaft präsent zu wirken. Dabei gilt der Satz „Content ist king" als oberstes Gebot: Es sollten stets ausreichende und aussagekräftige Inhalte zum Füllen der digitalen Präsenz vorhanden sein, die zudem möglichst viele Themenfelder abdecken.

Indem in regelmäßigen Abständen kleine Informationsmengen mit spannender Aussage verbreitet werden, wird die Intention der Social Media-Anwendungen auf den Punkt gebracht: das gegenseitige Kennenlernen einer Institution und seiner potenziellen Nutzer, gefolgt von einer möglichen Zusammenarbeit mit gegenseitigem Erfolgserlebnis und -ergebnis.

Social Media beginnen mit dem Du![88]

---

[88] Grabs, Bannour: Follow me! Erfolgreiches Social Media Marketing mit *Facebook*, *Twitter* und Co.

Anhang

Quellenverzeichnis

Literatur

Benjamin, Walter:
Das Kunstwerk im Zeitalter seiner technischen Reproduzierbarkeit.
Frankfurt am Main, 2006.

Carl, Janusch; Rutz, Andreas:
Bits and bytes statt Pergament und Papier? Das digitale historische
Archiv Köln und die Zukunft des Kölner Stadtarchivs im Web 2.0.
In: Der Archivar. Mai 2012, 65. Jahrgang, S. 143–153.

Grabs, Anne; Bannour, Karim-Patrick:
Follow me! Erfolgreiches Social Media-Marketing mit Facebook,
Twitter und Co. Bonn, 2011.

Gutsch, Susann:
Web 2.0 in Archiven. Hinweise für die Praxis . Potsdam, 2010.

Hein, Andreas:
Web 2.0. Das müssen Sie wissen. München, 2007.

Janner, Karin; Holst, Christian; Kopp, Axel:
Social Media im Kulturmanagement. Heidelberg, München, Lands-
berg, Frechen, Hamburg, 2011.

Jodeleit, Bernhard:
Social Media Relations. Leitfaden für erfolgreiche PR Strategien und
öffentlichkeitsarbeit im Web 2.0. Heidelberg, 2010.

Kemper, Joachim; Fischer, Jörg; Hasenfratz,
Katharina; Just, Thomas:
Moczarski, Jana; Rönz, Andrea: Archivische Spätzünder? Sechs Web 2.0-Praxisberichte. In: Der Archivar. Mai 2012, 65. Jahrgang, S. 136–143.

Kemper, Joachim; Vogeler, Georg:
Digitale Urkundenpräsentationen. Norderstedt, 2011.

Meyer, Erik:
Erinnerungskultur 2.0. Kommemorative Kommunikation in digitalen Medien. Frankfurt am Main, 2009.

Pellegrini, Tassilo; Blumauer, Andreas:
Semantic Web. Wege zur vernetzten Wissensgesellschaft. Heidelberg 2006.

Scheurer, Hans; Spiller, Ralf:
Kultur 2.0. Neue Web-Strategien für das Kulturmanagement im Zeitalter von Social Media. Bielefeld, 2010.

Schwenke, Thomas:
Social Media-Marketing & Recht. Köln, 2012.

VdA – Verband deutscher Archivarinnen und Archivare:
Archive im digitalen Zeitalter. Überlieferung, Erschließung, Präsentation. Neustadt an der Aisch, 2010.

VdA – Verband deutscher Archivarinnen und Archivare:
Für die Zukunft sichern! Bestandserhaltung analoger und digitaler Unterlagen. Neustadt an der Aisch, 2009.

Internetquellen

Archiv der Jugendkulturen e.V.
http://graffitiarchiv.wordpress.com/

ARD/ZDF-Medienkommission.
http://www.ard-zdf-onlinestudie.de/

Axel Springer AG.
http://www.welt.de/vermischtes/article106206449/Netzgigant-
Facebook-macht-mobil-gegen-Norderney.html

Bayerische Staatsoper.
http://www.blog.staatsoper.de/

Bundesministerium der Justiz.
http://www.gesetze-im-internet.de/tmg/1.htm

Creative Commens Inc.
http://de.creativecommons.org/

Die Landesmedienanstalten.
http://www.diemedienanstalten.de/fileadmin/Download/
Rechtsgrundlagen/Gesetze_aktuell/13._RStV_01.04.2010_01.pdf

Fittkau & Maas Consulting GmbH: Fittkau & Maas.
http://www.w3b.org/web-20/kontinent-facebook-wieviel-platz-ist-
fur-weitere-social-networks.html

Forbes Inc. (USA): Forbes.
http://www.forbes.com/profile/mark-zuckerberg/

Google Inc.
http://www.youtube.com/t/press_statistics

Hauser, Oliver:
Webmarketingblog.at.
http://www.webmarketingblog.at/2010/04/26/facebook-insights-statistik/

Howe, Jeff:
Crowdsourcing. Why the power of the crowd is driving the future of the business.
http://www.crowdsourcing.com/cs/

Hutter Consult GmbH.
http://www.thomashutter.com/index.php/2011/05/facebook-gewinnspiele auf-facebook-oder-das-spiel-mit-dem-feuer/

i2t Internet Solutions GmbH, Köln.
www.tinyurl.de

Janalta Interactive Inc: Techopedia
http://www.techopedia.com/definition/27960/web-10

Landesakademie für Fortbildung und Personal-entwicklung an Schulen.
http://lehrerfortbildung-bw.de/werkstatt/video/formate/

Norddeutscher Rundfunk: Tagesschau.
http://www.tagesschau.de/inland/schufa122.html,
http://www.tagesschau.de/wirtschaft/f acebook348.html

Österreichisches Staatsarchiv.
http://www.oesta.gv.at/ Abruf 18.06.2012

O'reilly.
Spreading the knowledge of inovators.
http://oreilly.com/web2/archive/what-is-web-20.html

Roth, Phillip; Wiese, Jens:
Facebookmarketing.de
http://allfacebook.de/userdata/

SlideShare.
http://www.slideshare.net/IKmedia/i-kmedia-uvexsocialmedia

Social Bakers Company.
http://www.socialbakers.com/facebook-statistics/germany

Spiegel Online GmbH.
http://www.spiegel.de/netzwelt/web/schufa-will-kreditdaten-bei-facebooksammeln-a-837454.html

Stadt Speyer.
http://speyererhausbuch1795.blogspot.de/2012/03/zweck-dieses-weblogsdes-stadtarchivs.html

Stern.de GmbH.
http://www.stern.de/politik/ausland/massenproteste-in-aegypten-mubarak-kontert-die-facebook-revolution-1648104.html

Stuttgarter Zeitung Verlagsgesellschaft mbH.
http://www.von-zeit-zu-zeit.de/index.php

Suddeutsche Zeitung, Digitale Medien GmbH.
http://www.sueddeutsche.de/digital/pech-fuer-holtzbrinck-verkauf-von-studivz-an-facebook-scheiterte-an-datenschutz-1.1328299

Thalia Holding GmbH.
http://www.thalia.de

Twitter.
http://twitter.com/about

Ulbricht, Dr. Carsten:
rechtzweinull.de
http://www.rechtzweinull.de/index.php?/archives/147-Social-Media-
Richtlinien-Rechtliche-Leitplanken-schaffen-Medienkompetenz.htm

Ulrichs, Frank; Loth, Wilhelm:
www.norderney.de
http://www.norderney.de/meine-insel/facebox/mn_42947

Verband deutscher Archivarinnen und Archivare e.V.
http://www.vda.archiv.net/

Wagner, Roland:
visitatio.de
http://www.visitatio.de/Twitter/twitternde-Museen-Deutschland-
Februar-2012.html

Wikimedia Foundation.
http://de.wikipedia.org/wiki/Verband_deutscher_Archivarinnen_
und_Archivare
http://de.wikipedia.org/wiki/Archiv_der_Jugendkulturen

XING AG.
https://www.xing.com/

Yahoo Corporation.
http://www.flickr.com/photos/usnationalarchives/collections/
http://advertising.yahoo.com/article/flickr.html
http://www.flickr.com/help/video/